ကျောင်း - l'école	2
ခရီးသွားသည် - le voyage	5
သယ်ယူပို့ဆောင်ရေး - le transport	8
မြို့တော် - la ville	10
ရှုခင်း - le paysage	14
စားသောက်ဆိုင် - le restaurant	17
စူပါမားကတ် - le supermarché	20
သောက်စရာများ - les boissons	22
အစားအစာ - l'alimentation	23
လယ်ယာ - la ferme	27
အိမ် - la maison	31
ဧည့်ခန်း - le salon	33
မီးဖိုချောင် - la cuisine	35
ရေချိုးခန်း - la salle de bain	38
ကလေး အခန်း - la chambre d'enfant	42
အဝတ်အစား - les vêtements	44
ရုံးခန်း - le bureau	49
စီးပွားရေး - l'économie	51
အလုပ်အကိုင်များ - les professions	53
ကိရိယာ တန်ဆာပလာများ - les outils	56
ဂီတတူရိယာများ - les instruments de musique	57
တိရိစ္ဆာန်ရုံ - le zoo	59
အားကစားများ - les sports	62
လှုပ်ရှားမှုများ - les activités	63
မိသားစု - la famille	67
ကိုယ်ခန္ဓာ - le corps	68
ဆေးရုံ - l'hôpital	72
အရေးပေါ် - l'urgence	76
ကမ္ဘာမြေကြီး - la terre	77
နာရီ - ...heure(s)	79
ရက်သတ္တပတ် - la semaine	80
နှစ် - l'année	81
ပုံစံများ - les formes	83
အရောင်များ - les couleurs	84
ဆန့်ကျင်ဘက်များ - les oppositions	85
နံပါတ်များ - les nombres	88
ဘာသာစကားများ - les langues	90
ဘယ်သူ / ဘာ / ဘယ်လိုပုံ - qui / quoi / comment	91
ဘယ်နေရာလဲ - où	92

Impressum
Verlag: BABADADA GmbH, Nedderfeld 112 , 22529 Hamburg
Geschäftsführer / Verlagsleitung: Harald Hof
Druck: Books on Demand GmbH, In de Tarpen 42, 22848 Norderstedt

Imprint
Publisher: BABADADA GmbH, Nedderfeld 112 , 22529 Hamburg, Germany
Managing Director / Publishing direction: Harald Hof
Print: Books on Demand GmbH, In de Tarpen 42, 22848 Norderstedt

ကျောင်း

l'école

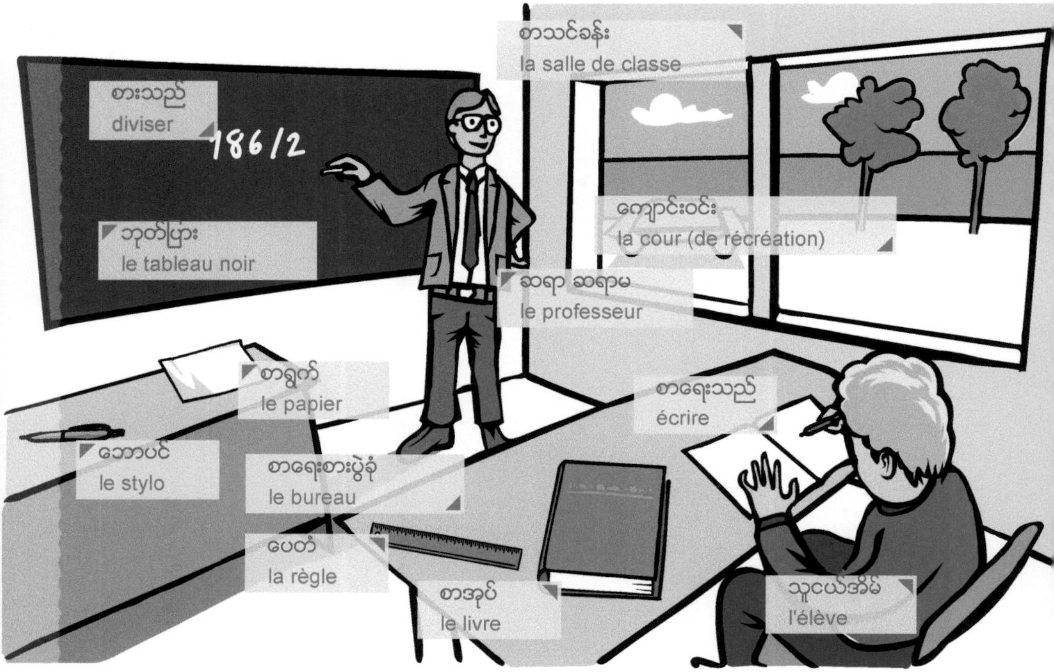

စာသင်ခန်း
la salle de classe
စားသည်
diviser
186/2
ဘုတ်ပြား
le tableau noir
ကျောင်းဝင်း
la cour (de récréation)
ဆရာ ဆရာမ
le professeur
စာရွက်
le papier
စာရေးသည်
écrire
ဘောပင်
le stylo
စာရေးစားပွဲခုံ
le bureau
ပေတံ
la règle
စာအုပ်
le livre
သူငယ်အိမ်
l'élève

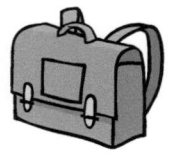

အဖုံးပါ ဘေးလွယ်အိတ်

le cartable

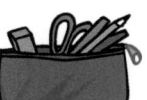

ခဲတံဘူး

la trousse

ခဲတံ

le crayon

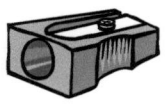

ချွန်စက်

le taille-crayon

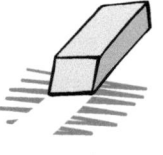

ခဲဖျက်

la gomme

ပုံဆွဲစာအုပ်

le carnet à dessin

ပုံဆွဲခြင်း

le dessin

ဆေးခြယ်သည့် စုပ်တံ

le pinceau

အရောင်စုံ ဘူး

la boîte de peinture

ကပ်ကြေး

les ciseaux

ကော်

la colle

လေ့ကျင့်ခန်းစာအုပ်

le cahier d'exercices

အိမ်စာ

les devoirs

နံပါတ်

le chiffre

ပေါင်းသည်

additionner

နုတ်သည်

soustraire

မြှောက်သည်

multiplier

တွက်ပါ

calculer

စာ

la lettre

အက္ခရာ

l'alphabet

စကားလုံး

le mot

ဖတ်စာအုပ်

le texte

ဖတ်သည်

lire

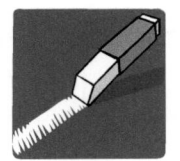

မြေဖြူ

la craie

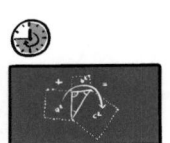

သင်ခန်းစာ

la leçon

ကျောင်းခေါ်ချိန်
မှတ်တမ်းစာအုပ်

le livre de classe

စာမေးပွဲ

l'examen

အထောက်အထားလက်မှတ်

le certificat

ကျောင်းဝတ်စုံ

l'uniforme scolaire

ပညာရေး

la formation

စွယ်စုံကျမ်း

le lexique

တက္ကသိုလ်

l'université

အနက်ကြည့်မှန်ပြောင်း

le microscope

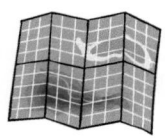

မြေပုံ

la carte

အမှိုက်စက္ကူပုံး

la corbeille à papier

ခရီးသွားသည်
le voyage

ဟိုတယ်
l'hôtel
Grand
ဘော်ဒါဆောင်
l'auberge
ROOMS
ငွေလဲဌာန
le bureau de change
CHANGE
ခရီးဆောင်အိတ်
la valise
ကား
la voiture

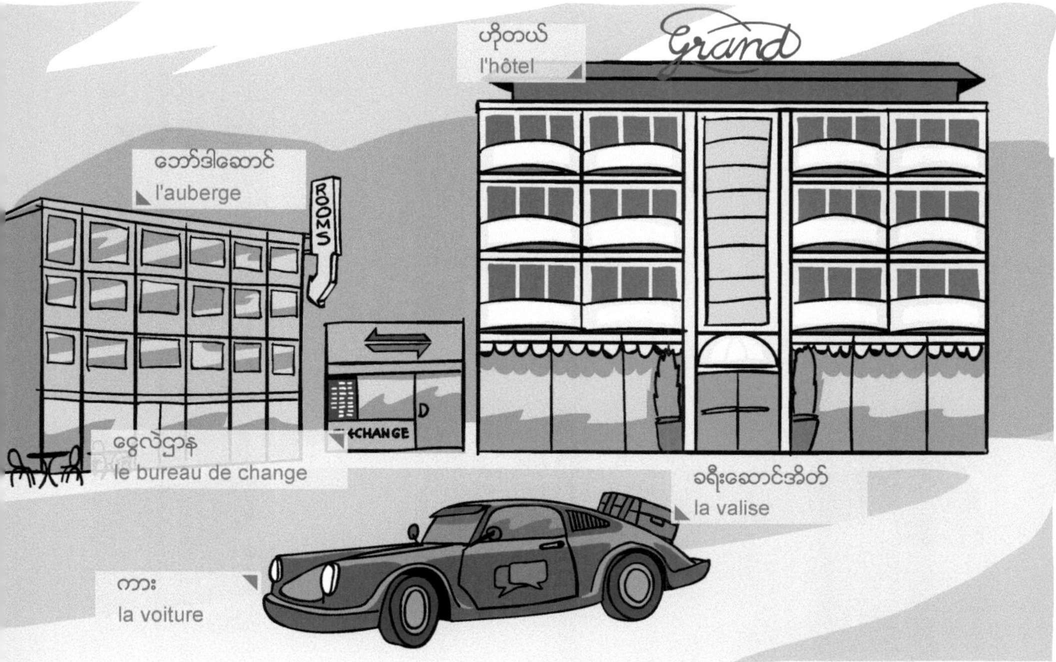

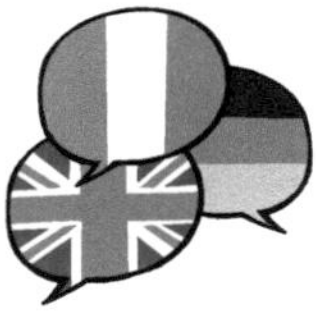

ဘာသာစကား

la langue

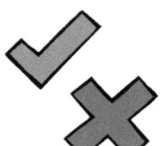

မှန် / မှား

oui / non

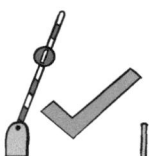

အိုကေ

d'accord

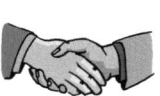

ဟယ်လို

Salut

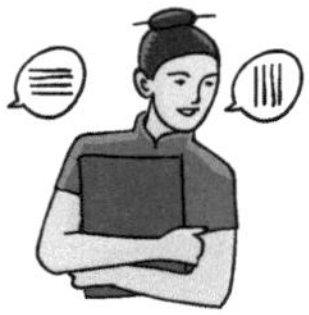

ဘာသာပြန်

l'interprète

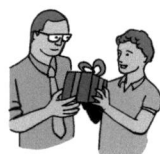

ကျေးဇူးတင်ပါတယ်

merci

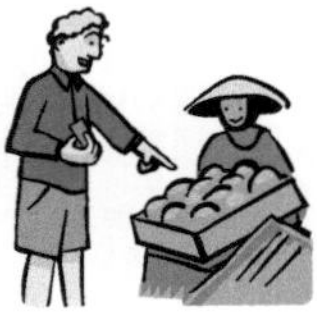

......က ဘယ်လောက်လဲ။

Combien coûte...?

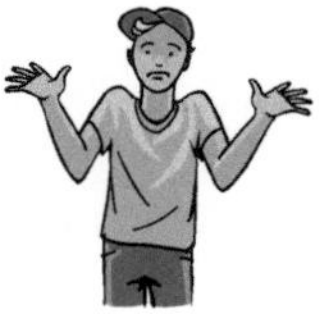

ကျွန်ုပ် နားမလည်ဘူး

Je ne comprends pas

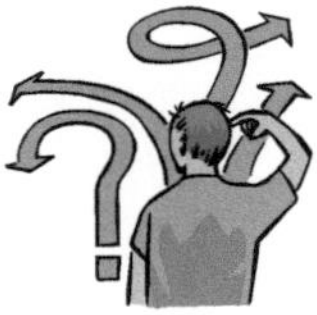

ပြဿနာ

le problème

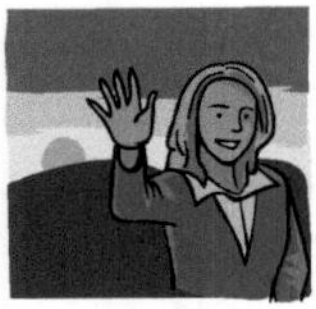

မင်္ဂလာ ညနေခင်းပါ။

Bonsoir !

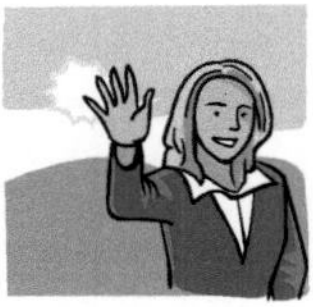

မင်္ဂလာ နံနက်ခင်းပါ။

Bonjour !

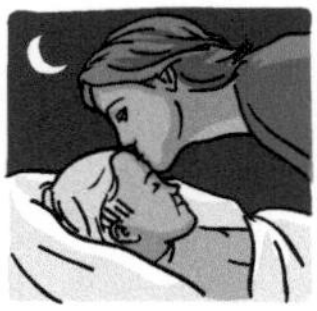

မင်္ဂလာ ညပါ။

Bonne nuit !

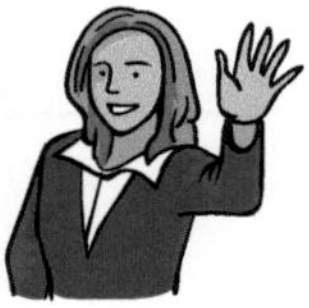

ဘိုင်းဘိုင်

Au revoir

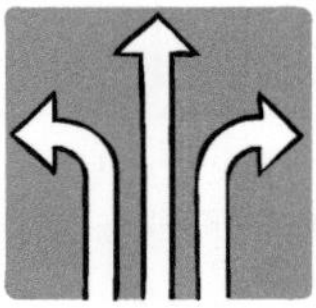

ဦးတည်ရာ

la direction

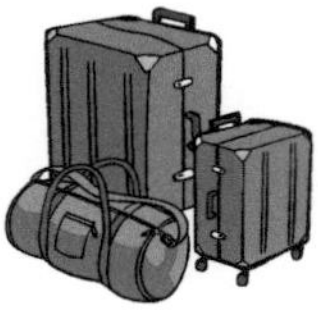

ခရီးဆောင်သေတ္တာ

les bagages

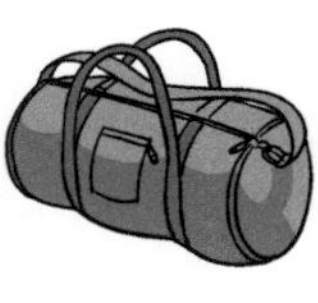

အိတ်

le sac

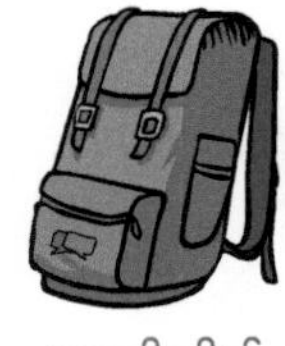

ကျောပိုးအိတ်

le sac-à-dos

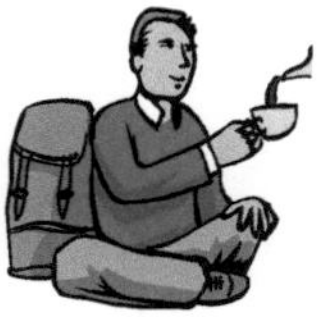

ဧည့်သည်

l'hôte

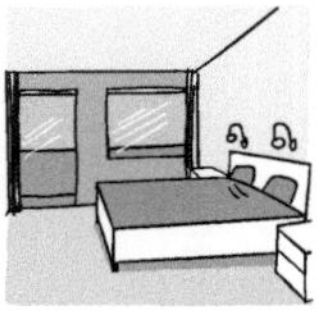

အခန်း

la pièce

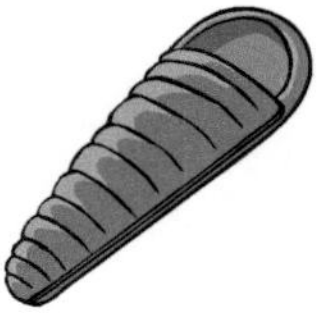

တစ်ကိုယ်စာအိပ်ယာလိပ်

le sac de couchage

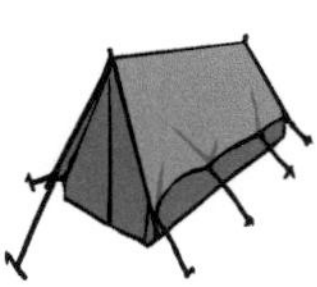

ရွက်ထည်တဲ

la tente

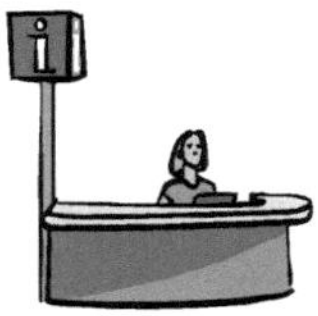

ခရီးသွားဧည့်သည်အတွက်
သတင်းအချက်အလက်

l'office de tourisme

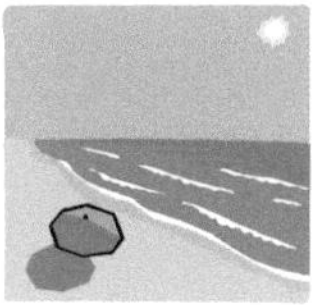

ကမ်းခြေ

la plage

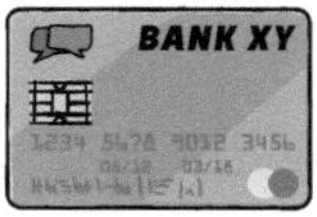

အကြွေးဝယ်ကတ်

la carte de crédit

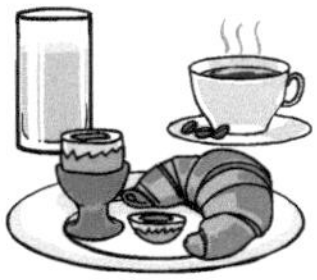

နံက်စာ

le petit-déjeuner

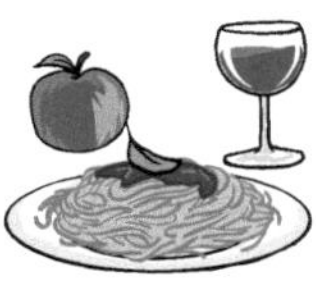

နေ့လည်စာ

le déjeuner

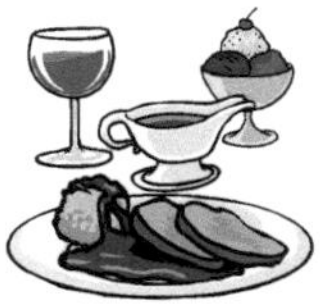

ညစာ

le dîner

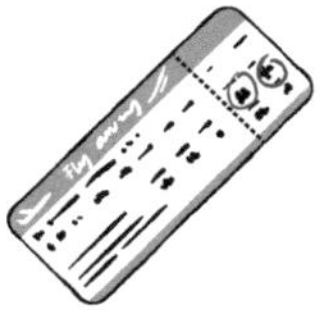

လက်မှတ်

le billet

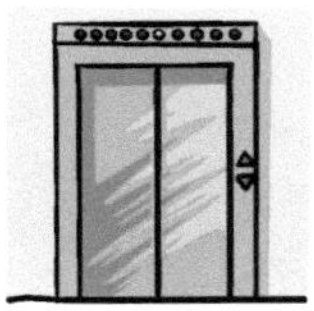

ဓာတ်လှေကား

l'ascenseur

တံဆိပ်ခေါင်း

le timbre

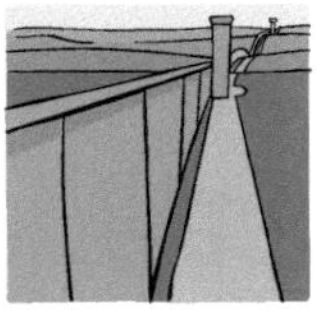

နယ်စပ်

la frontière

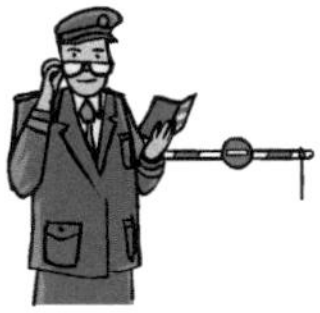

အခွန်များ

la douane

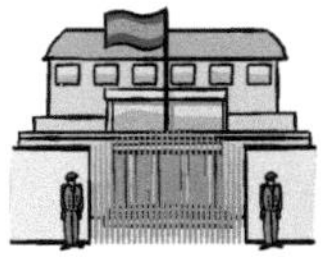

သံရုံး

l'ambassade

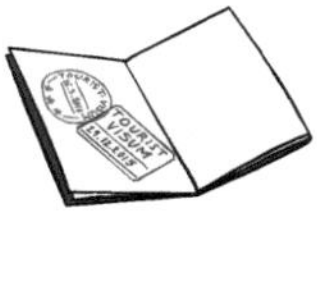

ဗီဇာ

le visa

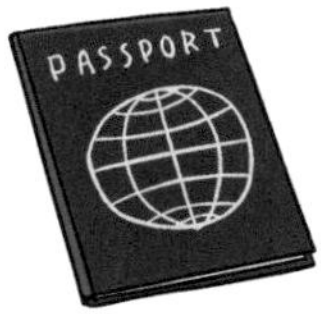

နိုင်ငံကူးလက်မှတ်

le passeport

သယ်ယူပို့ဆောင်ရေး

le transport

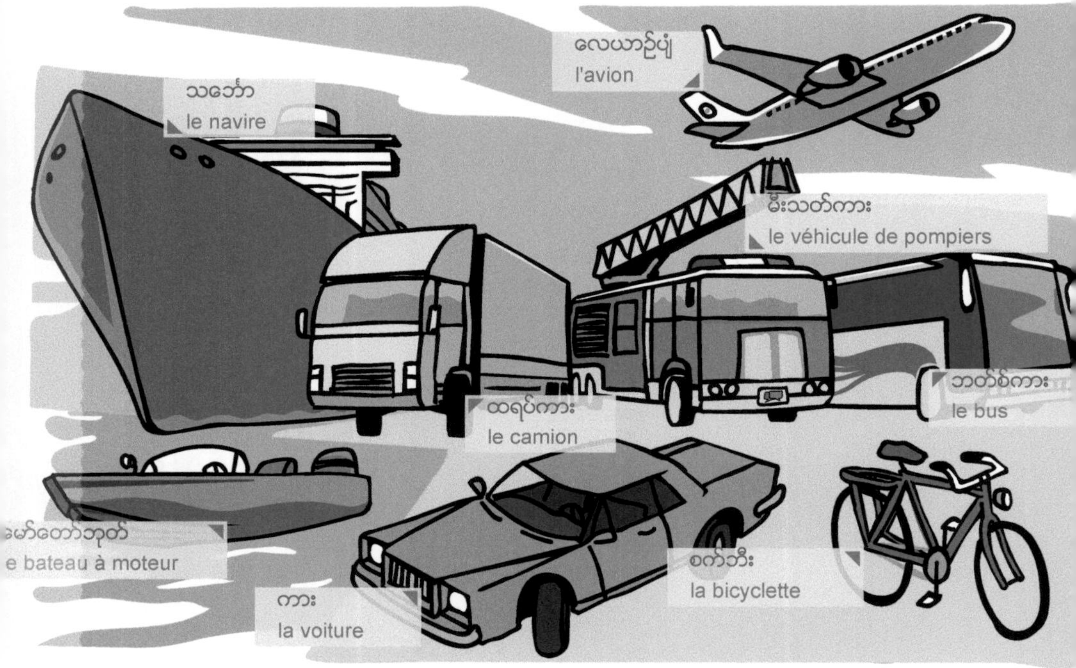

သင်္ဘော
le navire

လေယာဉ်ပျံ
l'avion

မီးသတ်ကား
le véhicule de pompiers

ဘတ်စ်ကား
le bus

ထရပ်ကား
le camion

စက်ဘီး
la bicyclette

မော်တော်ဘုတ်
le bateau à moteur

ကား
la voiture

ဖယ်ရီသင်္ဘော
....
le ferry

လှေ
....
la barque

မော်တော်ဆိုင်ကယ်
....
la moto

ရဲကား
....
la voiture de police

ပြိုင်ကား
....
la voiture de course

စင်းလုံးငှားကား
....
la voiture de location

ကားဝေမျှသုံးစွဲခြင်း

l'auto-partage

ပျက်နေသော ထရပ်ကား

la voiture de remorquage

အမှိုက်သယ်ယာဉ်

la benne à ordures

မော်တာ

le moteur

လောင်စာ

l'essence

ဓာတ်ဆီဆိုင်

la station d'essence

လမ်းကြောပြ ဆိုင်းဘုတ်

le panneau indicateur

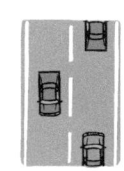

ယာဉ်အသွားအလာ

le trafic

လမ်းကြောပိတ်ဆို့မှု

l'embouteillage

ကားရပ်နားရာနေရာ

le parking

ရထားဘူတာရုံ

la gare

လမ်းကြောင်းများ

les rails

ရထား

le train

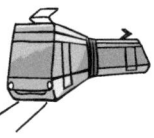

ဓာတ်ရထား

le tramway

ရထားလုံး

le wagon

ဟယ်လီကော်ပီတာ

l'hélicoptère

လေဆိပ်

l'aéroport

တာဝါ

la tour

ခရီးသည်

le passager

ထည့်စရာပုံး

le conteneur

ကတ်ထူပုံး

le carton

လှည်း

le chariot

ခြင်း

la corbeille

ထွက်ခွာ / ဆိုက်ရောက်

décoller / atterrir

မြို့တော်
la ville

ကျေးရွာ

le village

မြို့လယ်ခေါင်

le centre-ville

အိမ်

la maison

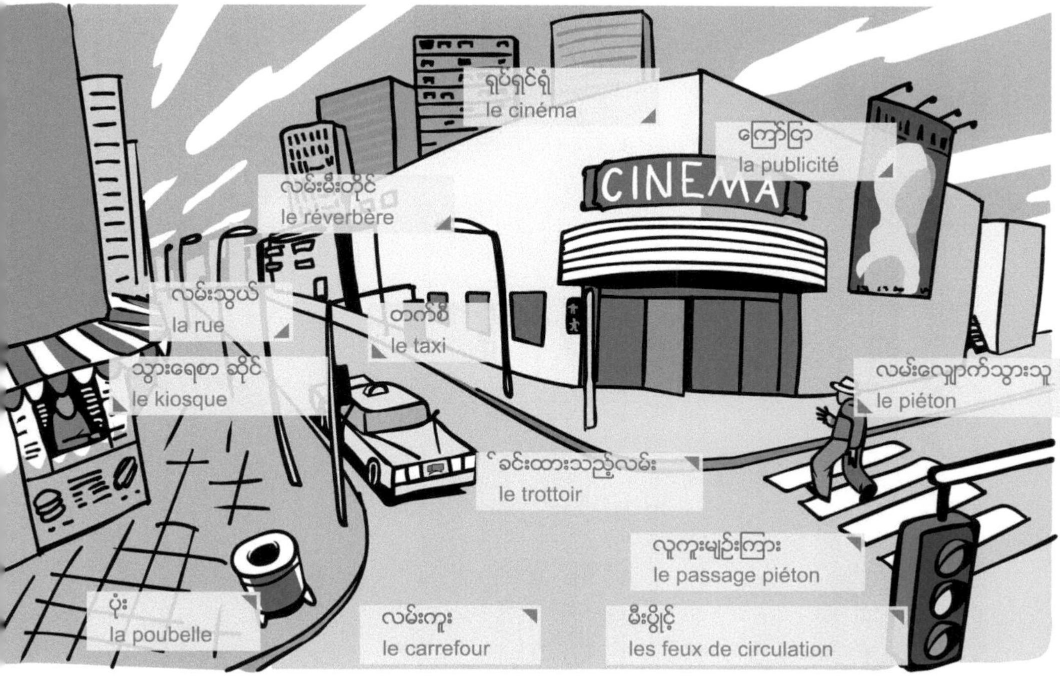

ရုပ်ရှင်ရုံ
le cinéma

ကြော်ငြာ
la publicité

လမ်းမီးတိုင်
le réverbère

လမ်းသွယ်
la rue

တက္ကစီ
le taxi

သွားရေစာ ဆိုင်
le kiosque

လမ်းလျှောက်သွားသူ
le piéton

ခင်းထားသည့်လမ်း
le trottoir

လူကူးမျဉ်းကြား
le passage piéton

ပုံး
la poubelle

လမ်းကူး
le carrefour

မီးပွိုင့်
les feux de circulation

တဲအိမ်
la cabane

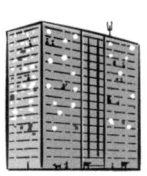

နေအိမ်ခန်း
l'appartement

ရထားဘူတာရုံ
la gare

မြို့တော်ခန်းမ
la mairie

ပြတိုက်
le musée

ကျောင်း
l'école

မြို့တော် - la ville

တက္ကသိုလ်

l'université

ဘဏ်

la banque

ဆေးရုံ

l'hôpital

ဟိုတယ်

l'hôtel

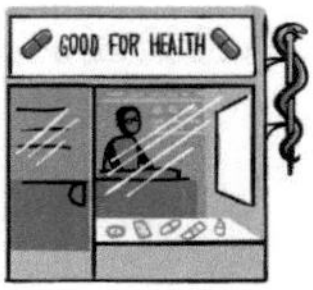

ဆေးဆိုင်

la pharmacie

ရုံးခန်း

le bureau

စာအုပ်ဆိုင်

la librairie

ဆိုင်

le magasin

ပန်းရောင်းသူ၏

le fleuriste

စူပါမားကတ်

le supermarché

ဈေး

le marché

ပစ္စည်းမျိုးစုံရောင်းသည့်
စတိုးဆိုင်ကြီး

le grand magasin

ငါးရောင်းသူ၏

la poissonnerie

ဈေးဝယ်စင်တာ

le centre commercial

သင်္ဘောဆိပ်

le port

အနားယူပန်းခြံ
le parc

ထိုင်ခုံတန်း
la banque

တံတား
le pont

လှေကားထစ်များ
les escaliers

မြေအောက်
le métro

ဥမင်လိုင်ခေါင်း
le tunnel

ဘတ်စ်ကားမှတ်တိုင်
l'arrêt de bus

ဘား
le bar

စားသောက်ဆိုင်
le restaurant

စာတိုက်သေတ္တာ
la boîte à lettres

လမ်းဆိုင်းဘုတ်
le panneau indicateur

ကားရပ်နားခ ကောက်ခံသည့်
မီတာ
le parcmètre

တိရိစ္ဆာန်ရုံ
le zoo

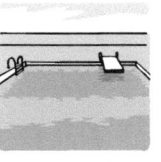

ရေကူးကန်
le réverbère

ဗလီ
la mosquée

လယ်ယာ

la ferme

ညစ်ညမ်းမှု

la pollution

သချႋုင်းကုန်း

la cimetière

ဘုရားရိုခိုးကျောင်း

l'église

ကစားကွင်း

l'aire de jeux

ဘုရားကျောင်း

le temple

ရှုခင်း

le paysage

သစ်ရွက်
la feuille

ဆိုင်းဘုတ်
le panneau indicateur

လမ်း
le chemin

မြက်ခင်း
le pré

ကျောက်တုံး
la pierre

တောင်တက်သမား
le randonneur

သစ်ပင်
l'arbre

မြစ်
la rivière

မြက်
l'herbe

ပန်း
la fleur

တောင်ကြား

la vallée

တောင်ကုန်း

la montagne

ရေကန်

le lac

သစ်တော

la forêt

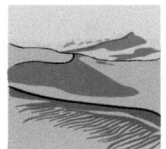

သဲကန္တာရ

le désert

မီးတောင်

le volcan

ရဲတိုက်

le château

သက်တန့်

l'arc-en-ciel

မှို

le champignon

ထန်းပင်

le palmier

ခြင်

le moustique

ယင်သန်းသည်

la mouche

ပုရွက်ဆိတ်

les fourmis

ပျား

l'abeille

ပင့်ကူ

l'araignée

ပိုးတောင်မာ

le coléoptère

ဖား

la grenouille

ရှဉ့်

l'écureuil

ဖြူကောင်

le hérisson

ယုန်

le lièvre

ဇီးကွက်

la chouette

ငှက်

l'oiseau

ငန်း

le cygne

တောဝက်

le sanglier

သမင်

le cerf

ချိုပြားဒရယ်

l'élan

ဆည်

le barrage

လေအားသုံး
လျှပ်စစ်ဓာတ်အားပေးစက်

l'éolienne

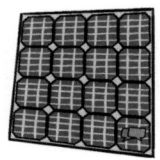

နေရောင်ခြည်ခံပြား

le panneau solaire

ရာသီဥတု

le climat

စားသောက်ဆိုင်

le restaurant

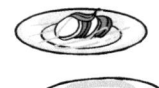

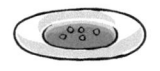

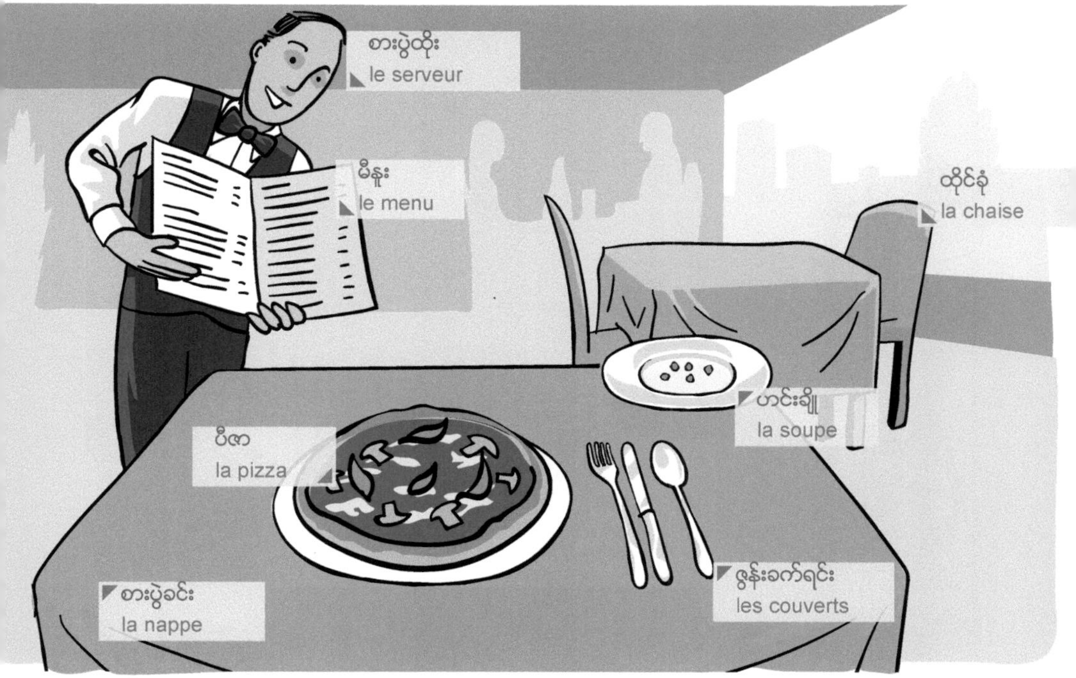

စားပွဲထိုး
le serveur
မီနူး
le menu
ထိုင်ခုံ
la chaise
ဟင်းချို
la soupe
ပီဇာ
la pizza
ဇွန်းခက်ရင်း
les couverts
စားပွဲခင်း
la nappe

ပထမဆုံး စားသည့် အစာ

les hors d'œuvre

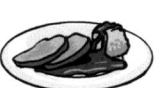

ပင်မ အစာ

le plat principal

အချိုပွဲ

le dessert

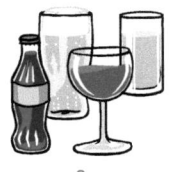

သောက်စရာများ

les boissons

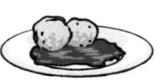

အစားအစာ

l'alimentation

ပုလင်း

la bouteille

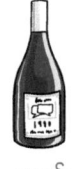

အသင့်ပြင်ပြီးသား အစားအစာ

le fast-food

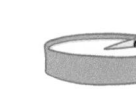

လမ်းဘေးအစားအစာ

les plats à emporter

လက်ဖက်ရည်အိုး သို့မဟုတ်
ရေနွေးကြမ်းအိုး

la théière

သကြားအိုး

le sucrier

တစ်ယောက်စာ

la portion

အက်စကားပရက်ဆို ကော်ဖီစက်

la machine à expresso

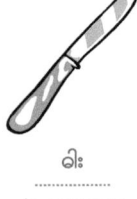

ထိုင်ခုံအမြင့်

la chaise haute

ငွေတောင်းခံလွှာ

la facture

ပန်း

le plateau

ဓါး

le couteau

ခက်ရင်း

la fourchette

ဇွန်း

la cuillère

လက်ဖက်ရည်ဇွန်း

la cuillère à thé

လက်သုတ်ပုဝါ

la serviette

ရေသောက်ဖန်ခွက်

le verre

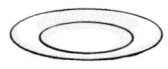

ပန်းကန်ပြား

l'assiette

ဟင်းချို|ပန်းကန်ပြား

l'assiette à soupe

ပန်းကန်ပြား

la soucoupe

ဆော့စ်

la sauce

ဆားအိုး

la salière

ငရုတ်ကောင်း ချေစက်

le moulin à poivre

ရှာလကာရည်

le vinaigre

ဆီ

l'huile

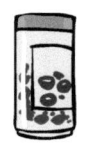

ဟင်းခတ်အမွှေးအကြိုင်

les épices

ခရမ်းချဉ်သီးဆော့စ်

le ketchup

မုန်ညင်းဆီဆော့စ်

la moutarde

မယိုးနိစ်

la mayonnaise

စူပါမားကတ်

le supermarché

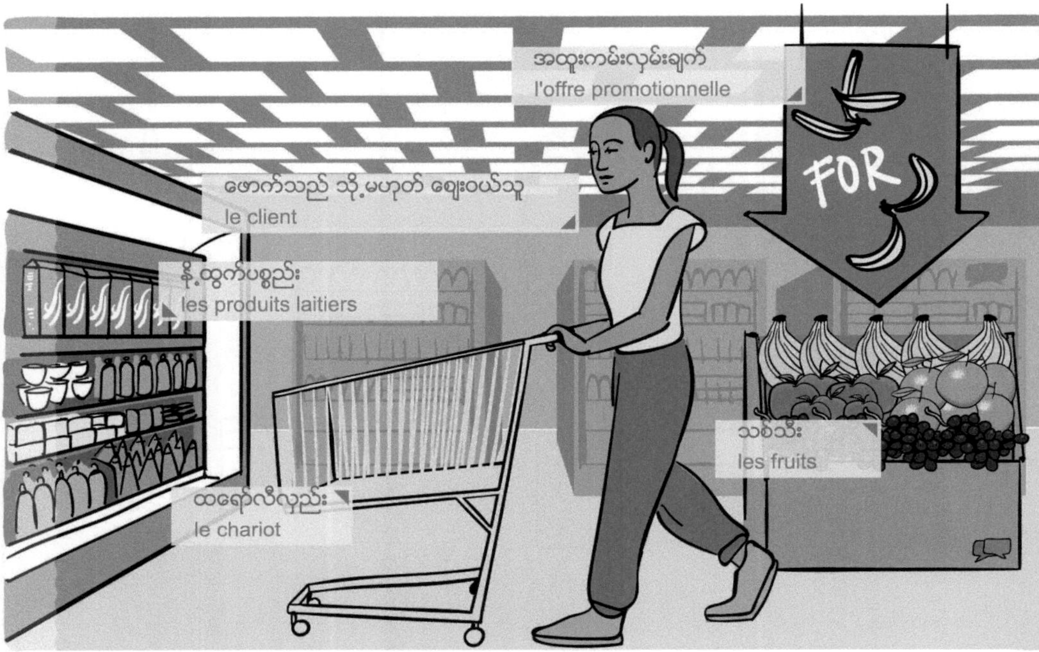

အထူးကမ်းလှမ်းချက်
l'offre promotionnelle
FOR
ဖောက်သည် သို့မဟုတ် ဈေးဝယ်သူ
le client
နို့ထွက်ပစ္စည်း
les produits laitiers
သစ်သီး
les fruits
ထရော်လီလှည်း
le chariot

BUTCHERS

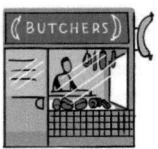

သားသတ်သမား၏

la boucherie

BAKERY

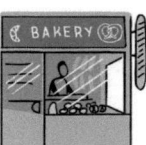

မုန့်ဖုတ်သမား၏

la boulangerie

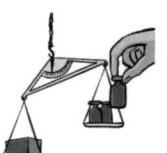

အလေးချိန်သည်

peser

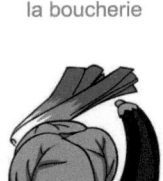

ဟင်းသီးဟင်းရွက်

les légumes

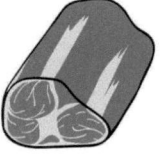

အသား

la viande

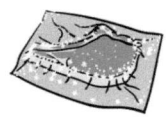

အေးခဲထားသည့် အစားအစာ

les aliments surgelés

ဂျိုင်ဆင်ထားသော အသားအေး

la charcuterie

သံဗူးသွပ် အစားအစာ

les conserves

ဆပ်ပြာမှုန့်

la poudre à lessive

သကြားလုံးများ

les bonbons

အိမ်သုံး ပစ္စည်းများ

les articles ménagers

သန့်ရှင်းရေး ပစ္စည်းများ

les détergents

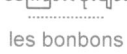

ဈေးရောင်းသူ

la vendeuse

အထိ

la caisse

ငွေကိုင်

le caissier

ဈေးဝယ်စာရင်း

la liste d'achats

ဖွင့်ချိန်နာရီများ

les heures d'ouverture

အိတ်ဆောင် ပိုက်ဆံအိတ်

le portefeuille

အကြွေးဝယ်ကတ်

la carte de crédit

အိတ်

le sac

ပလတ်စတစ်အိတ်

le sac en plastique

ရေ

l'eau

သစ်သီးဖျော်ရည်

le jus de fruit

နွားနို့

le lait

ကိုကာကိုလာ

le coca

ဝိုင်

le vin

ဘီယာ

la bière

အရက်

l'alcool

ကိုကိုးမှုန့်

le chocolat chaud

လက်ဖက်ရည် သို့ မဟုတ်
ရေနွေးကြမ်း

le thé

ကော်ဖီ

le café

အက်စ်ပရက်ဆို ကော်ဖီ

l'expresso

ကပူချီနိုကော်ဖီ

le cappuccino

ငှက်ပျောသီး
la banane

ပန်းသီး
la pomme

လိမ္မော်သီး
l'orange

ဖရဲသီးမျိုးဝင်
le melon

သံပုရာသီး
le citron.

မုန်လာဥနီ
la carotte

ကြက်သွန်ဖြူ
l'ail

မျှစ်
le bambou

ကြက်သွန်နီ
l'oignon

မှို
le champignon

ပဲစေ့များ
les noisettes

ခေါက်ဆွဲ
les pâtes

စပါဂတီ ခေါ် အီတလီ ခေါက်ဆွဲ

les spaghetti

ထမင်း

le riz

ဆလပ်ရွက်သုတ်

la salade

အကြွပ်ကြော်များ

les pommes frites

အာလူးကြော်

les pommes de terre rôties

ပီဇာ

la pizza

ဟမ်ဘာဂါ

le hamburger

အသားညှပ်ပေါင်မုန့်

le sandwich

ကတ်တလိပ်

l'escalope

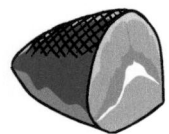

ဝက်ပေါင်ခြောက်

le jambon

ဆလာမီ

le salami

ဝက်အူချောင်း

la saucisse

ကြက်သား

le poulet

ရို့စ်လုပ်ခြင်း

le rôti

ငါး

le poisson

ကွေကာအုတ်

les flocons d'avoine

မျိုးစလီ

le muesli

ပြောင်းခြေပြား

les cornflakes

ဂျုံမှုန့်

la farine

ခရာဆွန်း ခေါ်
ပြင်သစ်ပေါင်မုန့်တစ်မျိုး

le croissant

ပေါင်မုန့်လိပ်

les petits-pains

ပေါင်မုန့်

le pain

ပေါင်မုန့်မီးကင်

le pain grillé

ဘီစကစ်

les biscuits

ထောပတ်

le beurre

ဒိန်ခဲ

le fromage blanc

ကိတ်မုန့်

le gâteau

ဥ

l'œuf

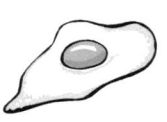

ဥကြော်

l'œuf au plat

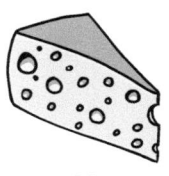

ချိစ်

le fromage

ရေခဲမုန့်

la glace

သကြား

le sucre

ပျားရည်

le miel

ယို

la confiture

ယိုသုတ်စားသည့် ချောကလက်

la crème nougat

ဟင်း

le curry

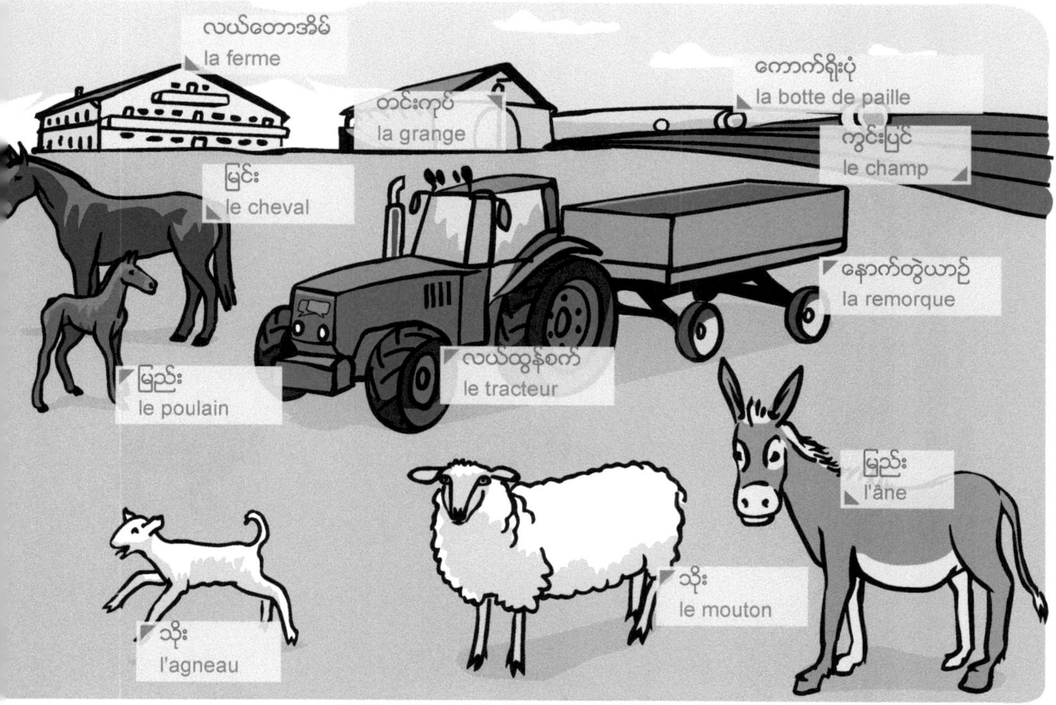

လယ်တောအိမ်
la ferme

တင်းကုပ်
la grange

ကောက်ရိုးပုံ
la botte de paille

ကွင်းပြင်
le champ

မြင်း
le cheval

နောက်တွဲယာဉ်
la remorque

မြည်း
le poulain

လယ်ထွန်စက်
le tracteur

မြည်း
l'âne

သိုး
le mouton

သိုး
l'agneau

ဆိတ်
la chèvre

နွားမ
la vache

နွားလေး
le veau

ဝက်
le porc

ဝက်ကလေး
le porcelet

နွားထီး
le taureau

ဘဲငန်း

l'oie

ဘဲ

le canard

ကြက်ပေါက်ကလေး

le poussin

ကြက်မ

la poule

ကြက်ဖ

le coq

ကြက်

le rat

ကြောင်

le chat

ကြွက်ကလေး

la souris

နွားထီး

le bœuf

ခွေး

le chien

ခွေးအိမ်

le chenil

ပန်းခြံရေပိုက်

le tuyau de jardin

ရေလောင်းသည့်ခွက်

l'arrosoir

တံစဉ်အပြားကြီး

la faucheuse

ထယ်

la charrue

တံစဉ်
la faucille

ပေါက်ပြား
la pioche

ကောက်ဆွ
la fourche

ပေါက်ချွန်း
la hache

ဘီးတပ် လက်တွန်းလှည်း
la brouette

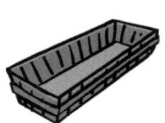

စားခွက်
la cuve

နို့ဗူး
le pot à lait

အိတ်
le sac

ခြံစည်းရိုး
la clôture

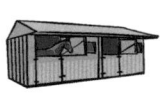

မြင်းဇောင်း
l'étable

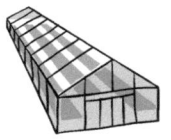

မှန်လုံအိမ်
le serre

မြေကြီး
le sol

အစေ့
les semences

မြေသြဇာ
l'engrais

စုပေါင်း ရိတ်သိမ်းသူ
la moissonneuse-batteuse

ရိတ်သိမ်းသည်
....
récolter

ရိတ်သိမ်းသည်
....
la récolte

ပီလောပိန်
....
l'igname

ဂျုံ
....
le blé

ပဲပုပ်
....
le soja

အာလူး
....
la pomme de terre

ပြောင်း
....
le maïs

နံစားပြောင်းဆီ
....
le colza

အသီးပင်
....
l'arbre fruitier

ပီလောပိန်
....
le manioc

စီရီရယ် ခေါ် နံနက်စာတစ်မျိုး
....
les céréales

အိမ်

la maison

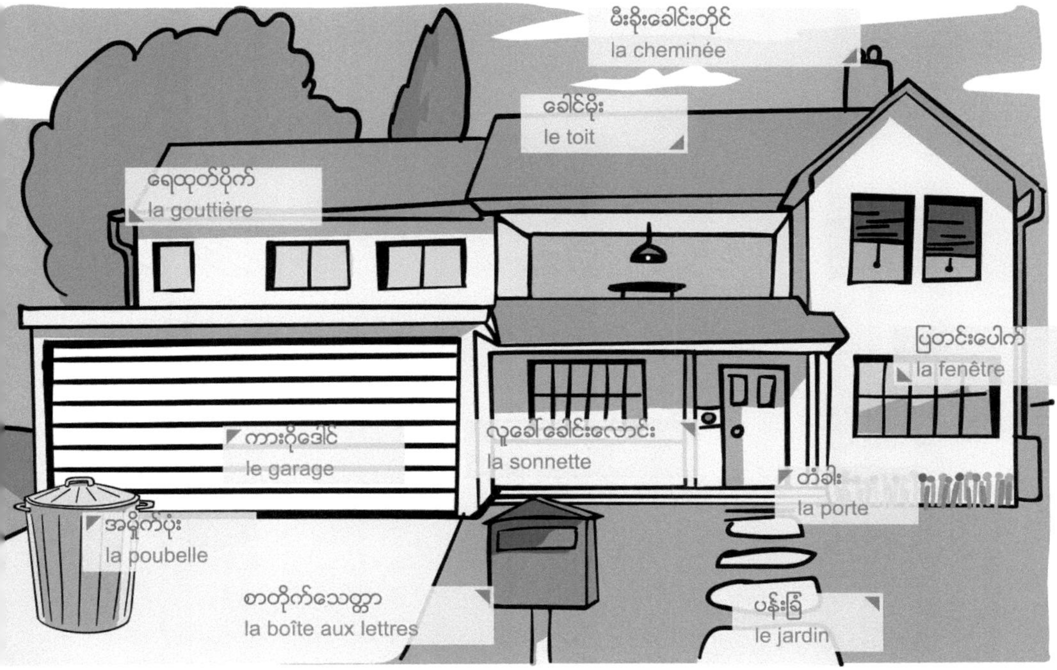
မီးခိုးခေါင်းတိုင်
la cheminée
ခေါင်မိုး
le toit
ရေထုတ်ပိုက်
la gouttière
ပြတင်းပေါက်
la fenêtre
ကားဂိုဒေါင်
le garage
လူခေါ်ခေါင်းလောင်း
la sonnette
တံခါး
la porte
အမှိုက်ပုံး
la poubelle
စာတိုက်သေတ္တာ
la boîte aux lettres
ပန်းခြံ
le jardin

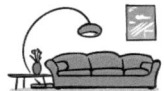

ဧည့်ခန်း

le salon

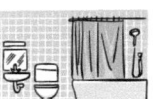

ရေချိုးခန်း

la salle de bain

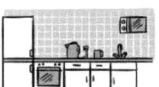

မီးဖိုချောင်

la cuisine

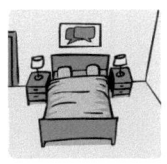

အိပ်ခန်း

la chambre à coucher

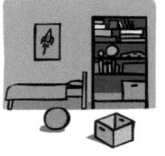

ကလေး အခန်း

la chambre d'enfant

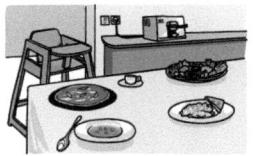

ထမင်းစားခန်း

la salle à manger

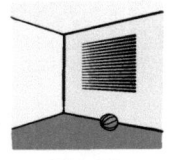

ကြမ်းပြင်

le sol

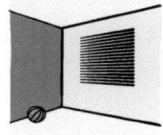

နံရံ

le mur

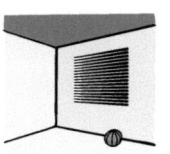

မျက်နှာကြက်

le plafond

မြေအောက်ခန်း

la cave

ချွေးထုတ်ခန်း

le sauna

ဝရန်တာ

le balcon

ဝရန်တာ

la terrasse

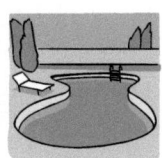

ရေကူးကန်

la piscine

မြက်ရိတ်စက်

la tondeuse à gazon

အချုပ်

la housse

အိပ်ယာခင်း

la couette

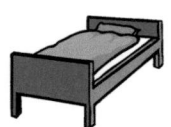

အိပ်ယာ

le lit

တံမြက်စည်း

le balai

ရေပုံး

le sceau

မီးခလုတ်

l'interrupteur

ဧည့်ခန်း

le salon

နံရံကပ်စက္ကူ
le papier peint
ဓာတ်ပုံ
l'image
စားပွဲတင် မီးအိမ်
la lampe
စင်
l'étagère
နံရံကပ် ဗီရို
l'armoire
တယ်လီဗွီးရှင်း
la télé
မီးလင်းဖို
la cheminée
ပန်း
la fleur
ကူရှင်
le coussin
ဆိုဖာ
le sofa
ပန်းအိုး
le vase
အဝေးထိန်း ကိရိယာ
la télécommande

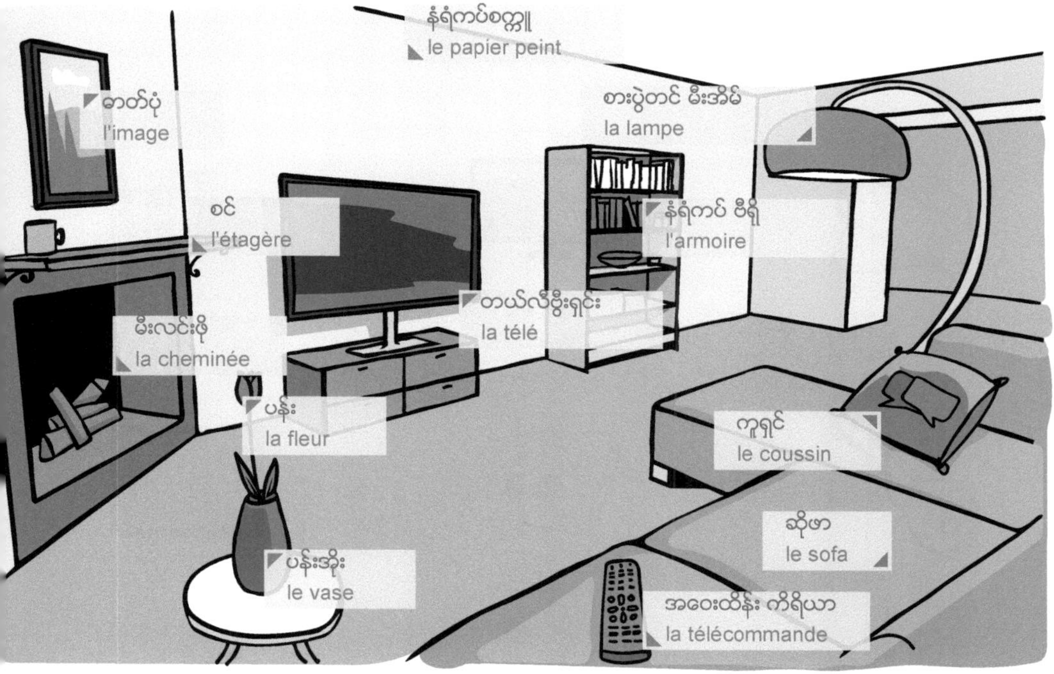

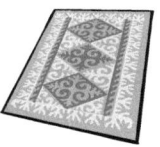

ကော်ဇော

le tapis

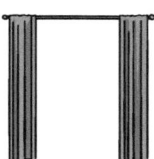

ကန့်လန့်ကာ

le rideau

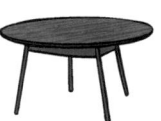

စားပွဲခုံ သို့မဟုတ် ဇယား

la table

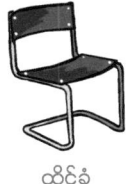

ထိုင်ခုံ

la chaise

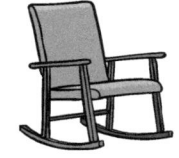

ရှေ့နောက် ယိမ်းနိုင်သည့် ထိုင်ခုံ

la chaise à bascule

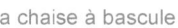

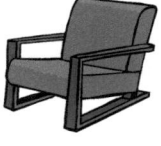

လက်တင်ထိုင်ခုံ

le fauteuil

စာအုပ်

le livre

စောင်

la couverture

အပြင်အဆင်

la décoration

ထင်း

le bois de chauffage

ဖလင် သို့မဟုတ် ရုပ်ရှင်

le film

ဟိုင်ဖိုင် ကိရိယာ

la chaîne hi-fi

သော့

la clé

သတင်းစာ

le journal

ပန်းချီကား

la peinture

ပိုစတာ

le poster

ရေဒီယို

la radio

မှတ်စုစာရွက်အုပ်

le bloc-notes

ဖုံစုပ်စက်

l'aspirateur

ရှားစောင်းပင်

le cactus

ဖယောင်းတိုင်

la bougie

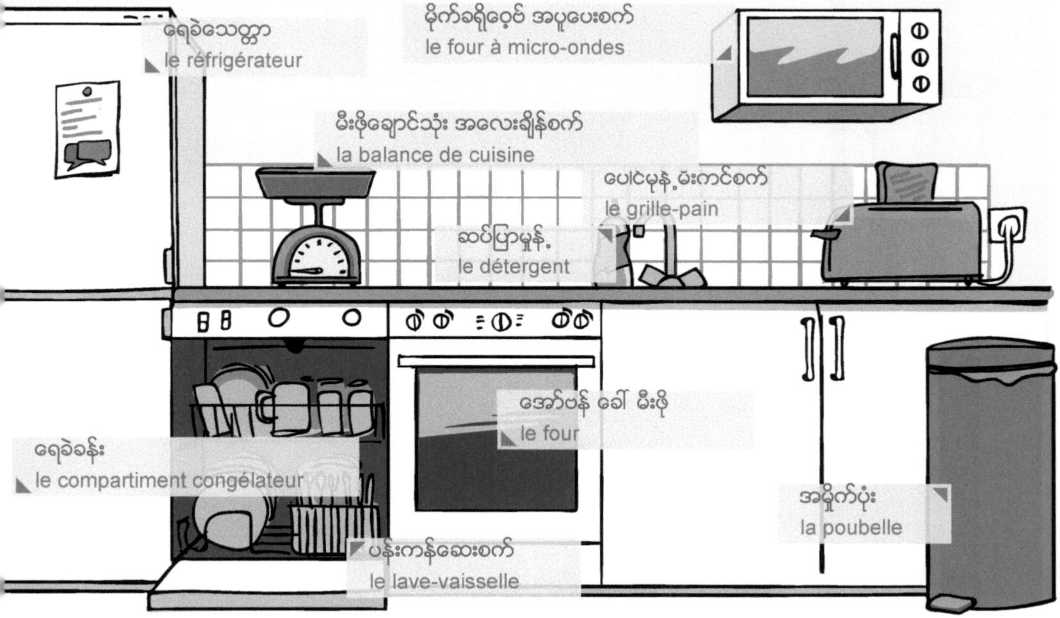

ရေခဲသေတ္တာ
le réfrigérateur

မိုက်ခရိုဝေ့ဗ် အပူပေးစက်
le four à micro-ondes

မီးဖိုချောင်သုံး အလေးချိန်စက်
la balance de cuisine

ပေါင်မုန့် မီးကင်စက်
le grille-pain

ဆပ်ပြာမှုန့်
le détergent

ရေခဲခန်း
le compartiment congélateur

အော်ဗင် ခေါ် မီးဖို
le four

အမှိုက်ပုံး
la poubelle

ပန်းကန်ဆေးစက်
le lave-vaisselle

လျှပ်စစ် ချက်ပြုတ်အိုး
le four

အိုး
la casserole

သံအိုးကြီး
la marmite

မွှေကြော်သည့် ဒယ်အိုးကြီး /
ကာဒိုင်း
le wok / kadai

ဒယ်အိုး
la poêle

ရေနွေးတည်သည့်အိုး
la bouilloire electrique

ပေါင်းစက်

le cuiseur vapeur

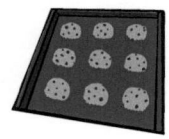

မုန့်ဖုတ်သည့် ပန်း

la plaque de cuisson

ကြွေပန်းကန်ပြား ခွက်ယောက်

la vaisselle

မတ်ခွက်

le gobelet

ဇလုံပန်းကန်

la coupe

အစားသည့်တူများ

les baguettes

ယောက်ချို

la louche

မွှေသည့်အတံ

la spatule

ခါက်တံ

le fouet

စစ်သည့် အရာ

la passoire

စကာ

le tamis

ခြစ်သည့်ကိရိယာ

la râpe

ပြုပ်ဆုံ

le mortier

ဘာဘီကျူးကင်

le barbecue

ထင်းမီးဖို

la cheminée

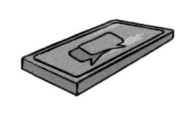

စင်းနီးတုံး

la planche à découper

လည်နေသောပင်

le rouleau à pâtisserie

ဖော့ဆို့

le tire-bouchon

သံဗူး

la boîte

သံဗူးဖောက်တံ

l'ouvre-boîte

အိုးတင်သည့်အရာ

les maniques

ရေဆေးသည့် နေရာ

le lavabo

စုပ်တံ

la brosse

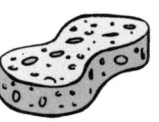

ရေမြှုပ်

l'éponge

မွှေသည့်စက်

le mixeur

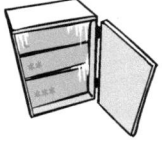

အေးခဲသည့် ရေခဲခန်း

le congélateur

ကလေးနို့ဗူး

le biberon

ရေပိုက်ခေါင်း

le robinet

ရေချိုးခန်း

la salle de bain

ရေပန်း
la douche
အပူပေးခြင်း
le chauffage
မျက်နှာသုတ်ပုဝါ
la serviette
ရေချိုးခန်းကန့်လန့်ကာ
le rideau de douche
ရေစိမ်ချိုးရန် ရေမြှုပ်ဆပ်ပြာရည်
le bain moussant
ရေစိမ်ချိုးသည့်ကန်
la baignoire
ရေသောက်ဖန်ခွက်
le verre
အဝတ်လျှော်စက်
la machine à laver
ရေပိုက်ခေါင်း
le robinet
ကျောက်ပြားများ
le carrelage
အပေါ့အလေး စွန့်သည့်အိုး
le pot
ရေဆေးသည့် နေရာ
le lavabo

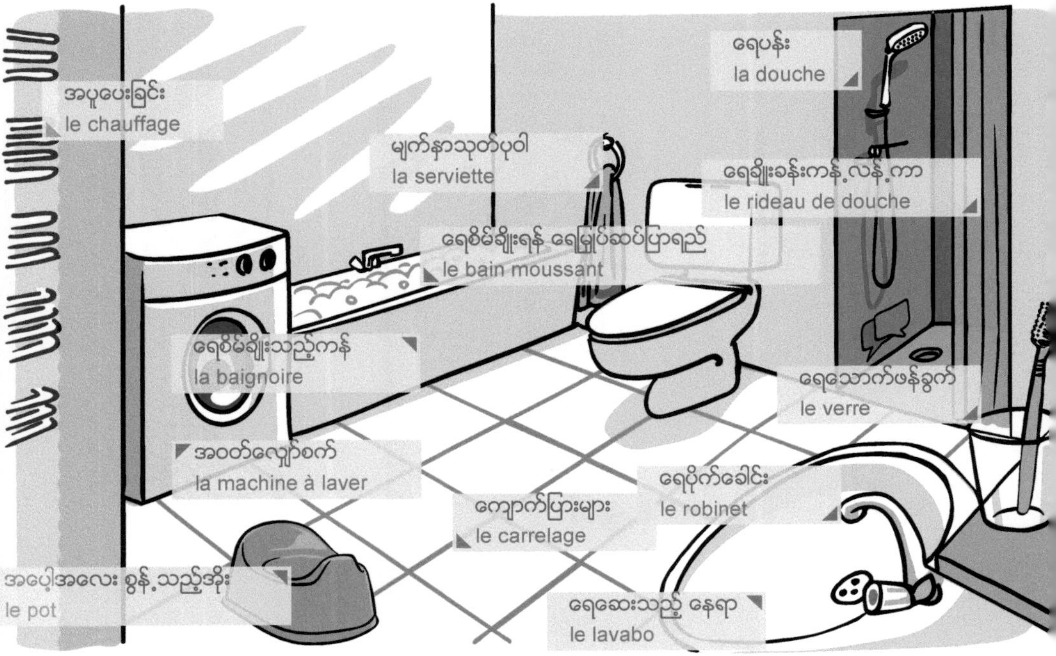

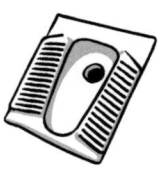

အိမ်သာ

les toilettes

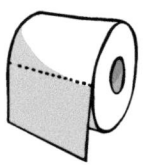

ဆောင့်ကြောင့်ထိုင်ရသည့် အိမ်သာ

la toilette à la turque

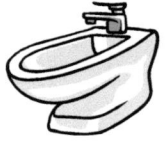

အမျိုးသမီးသုံး အောက်ပိုင်းဆေးသည့် ကမုတ်

le bidet

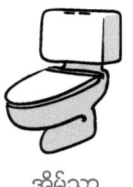

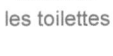

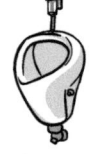

အမျိုးသား ဆီးသွားသည့်ကမုတ်

l'urinoir

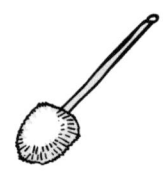

အိမ်သာသုံး စက္ကူ

le papier toilette

အိမ်သာတိုက် ဘရပ်ရှ်

la brosse à toilette

သွားတိုက်တံ

la brosse à dents

သွားတိုက်ဆေး

le dentifrice

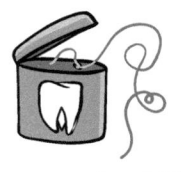

သွား ချေးထုတ်သည့် ကြိုး

le fil dentaire

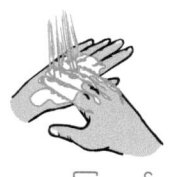

ဆေးကြောသည်

laver

လက်ကိုင် ရေပန်း

la douche manuelle

ရေပန်းဖြင့်ရေချိုးခြင်း

la douche intime

ရေအင်တုံ

la vasque

နောက်ကျော ချေးတွန်းသည့် ဘရပ်ရှ်

la brosse dorsale

ဆပ်ပြာ

le savon

ရေချိုးဆပ်ပြာရည်

le gel douche

ခေါင်းလျှော်ရည်

le shampooing

ဖလန်နယ်စ

le gant de toilette

ရေထွက်ပေါက်

l'écoulement

ခရင်မ်

la crème

ဒီအော်ဒရန့် ခေါ် ကိုယ်လိမ်းအမွေးနံ့သာ

le déodorant

မှန်

le miroir

လက်ကိုင်မှန်

le miroir cosmétique

မုတ်ဆိတ်ရိတ်တံ

le rasoir

မုတ်ဆိတ်ရိတ်ရန် အမြှုပ်

la mousse à raser

မုတ်ဆိတ်ရိတ်ပြီး
လိမ်းသည့်အမွှေးနံ့သာ

l'après-rasage

ခေါင်းဘီး

la peigne

ဘရပ်ရှ်

la brosse

ဆံပင်ခြောက်စက်

le sèche-cheveux

ဆံပင်ဖြန်းဆေး

la laque pour cheveux

မိတ်ကပ်

le fond de teint

နှုတ်ခမ်းဆိုးဆေး

le rouge à lèvres

လက်သည်းဆိုးဆေး

le vernis à ongles

ဂွမ်းလုံး

l'ouate

လက်သည်းညှပ် ကပ်ကြေး

le coupe-ongles

ရေမွှေး

le parfum

ရေချိုးခန်းသုံး အိတ်

la trousse de toilette

ခွေခြေ

le tabouret

ကိုယ်အလေးချိန်တိုင်းသည့်စက်

le pèse-personne

ရေချိုးပြီး ဝတ်သည့်ဝတ်ရုံ

le peignoir

ရာဘာ လက်အိတ်များ

les gants de nettoyage

တန်ပွန် ခေါ် ဓမ္မတာလာစဉ် မိန်း
မကိုယ်တွင်းထည့်သည့်အရာ

le tampon

အမျိုးသမီး လစဉ်သုံးပုဝါစ

les serviettes hygiéniques

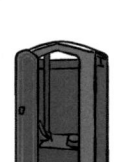

ဓာတုပစ္စည်းထည့်သုံးသည့်
အိမ်သာ

la toilette chimique

ကလေး အခန်း

la chambre d'enfant

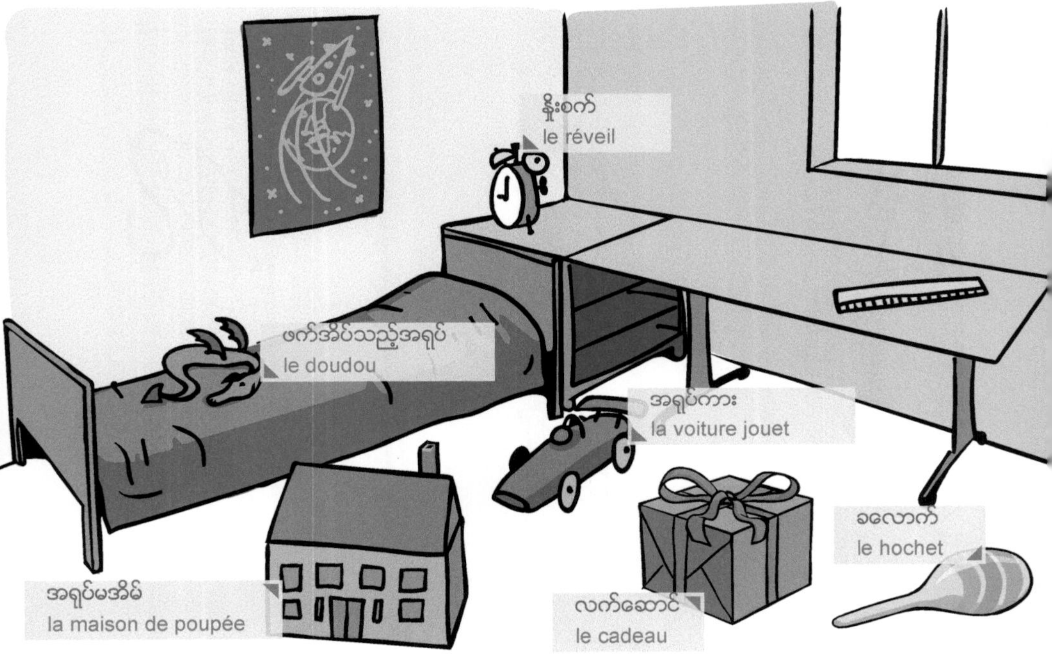

နှိုးစက်
le réveil
ဖက်အိပ်သည့်အရုပ်
le doudou
အရုပ်ကား
la voiture jouet
ခလောက်
le hochet
အရုပ်မအိမ်
la maison de poupée
လက်ဆောင်
le cadeau

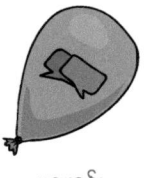

ပူဖောင်း

le ballon

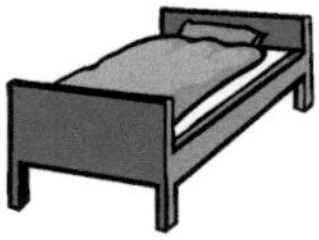

အိပ်ယာ

le lit

ကလေးတွန်းလှည်း

la poussette

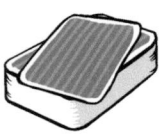

ကစားသည့်ကတ်ထုပ်

le jeu de cartes

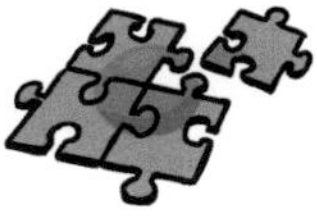

ဂျစ်ဆော ခေါ်
ဆက်၍ကစားသည့်
အပိုင်းအစများ

le puzzle

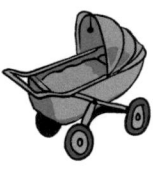

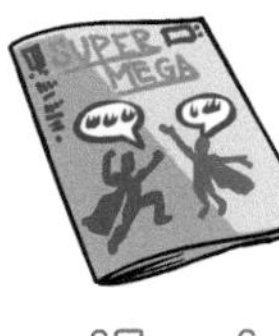

ရုပ်ပြစာအုပ်

la bande dessinée

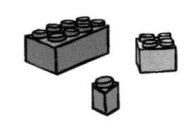

ဆောက်၍ကစားသည့် လေဂို
အတုံးများ
les pièces lego

ဆောက်၍ကစားသည့်
အတုံးများ
les blocs de construction

လှုပ်ရှားလုပ်ကိုင်သူ
la figurine

ဘောဘီရှိုး
la grenouillère

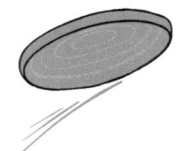

ဖရစ်ဘီး ခေါ် ပစ်၍ ကစားသည့်
အပြား
le frisbee

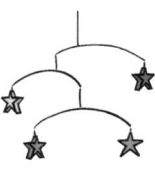

ရွှေ့လျားနိုင်သော
le mobile

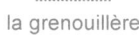

ဘုတ်ပြားပေါ်တွင် ကစားနည်း
le jeu de société

အံစာတုံး
le dé

ကစားစရာ ရထား အစုံမော်ဒယ်
le train miniature

အရုပ်
la sucette

ပါတီ
la fête

ရုပ်ပြစာအုပ်
le livre d'images

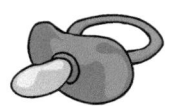

ဘောလုံး
la balle

အရုပ်မ
la poupée

ကစားသည်
jouer

ကစားသည့် သဲပုံး

le bac à sable

ဒန်း

la balançoire

အရုပ်များ

les jouets

ဗွီဒီယိုဂိမ်းကစားသည့် စက်

la console de jeu

သုံးဘီး စက်ဘီး

le tricycle

တက်ဒီ ဝက်ဝံရုပ်

l'ours en peluche

အဝတ်ဗီရို

l'armoire

ခြေအိတ်များ

les chaussettes

 အမျိုးသမီးဝတ် ခြေအိတ်ရှည်

les bas

အမျိုးသမီး ခြေအိတ်အကြပ်

le collant

ပုဝါ
l'écharpe

ထီး
le parapluie

ခါးပတ်
la ceinture

တီရှပ်
le t-shirt

ဘွတ်ဖိနပ်များ
les bottes

ခြေညှပ်ဖိနပ်များ
les pantoufles

အားကစားဖိနပ်များ
les baskets

ခြေစွပ် နောက်ပိတ်ဖိနပ်
les sandales

ရှူးဖိနပ်များ
les chaussures

ရာဘာ ဘွတ်ဖိနပ်များ
les bottes de caoutchouc

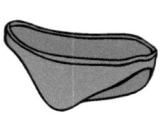

အောက်ခံ အဝတ်များ
les sous-vêtements

ဘရာဇီယာ
le soutien-gorge

အပေါ်ထပ် လက်ပြတ်အကျီ
le maillot de corps

ကိုယ်ခန္ဓာ

le body

ဘောင်းဘီရှည်

le pantalon

ဂျင်းဘောင်းဘီ

le jean

စကပ်

la jupe

ဘလောက်စ်အကျႌ

le chemisier

ရှပ်အကျႌ

la chemise

ခေါင်းစွပ်အကျႌ

le pull

ခေါင်းစွပ်ပါ အကျႌ

le sweat à capuche

ဘလေဇာကုတ်အကျႌ

la veste

ဂျက်ကက်အကျႌ

la veste

ကုတ်အကျႌ

le manteau

မိုးကာ ကုတ်အကျႌ

l'imperméable

ဝတ်စုံ

le costume

ဂါဝန်

la robe

လက်ထပ် ဝတ်စုံ

la robe de mariée

အနောက်တိုင်းဝတ်စုံပြည့်

le costume

ညအိပ်အင်္ကျီ

la chemise de nuit

ညအိပ်ဝတ်စုံ

le pyjama

ဆာရီ

le sari

ခေါင်းအုပ်ပုဝါ

le foulard

တာဘန် ခေါ် ခေါင်းပေါင်း

le turban

ဘာကာခေါ်
အမျိုးသမီးခေါင်းအုပ်

la burqa

ကာ့ဖ်တန် ခေါ်
အမျိုးသားဝတ်ဘောင်းဘီ

le caftan

အဘာယာ ခေါ် မွတ်ဆလင်
အမျိုးသမီးဝတ်အင်္ကျီ

l'abaya

ရေကူးဝတ်စုံ

le maillot de bain

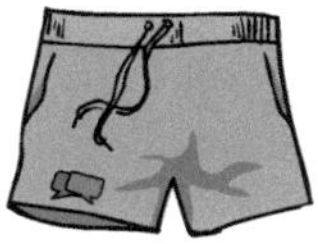

အဝတ်သေတ္တာ

le maillot de bain

ဘောင်းဘီတို

le short

အားကစားဝတ်စုံ

la tenue d'entraînement

ခါးစည်း အဝတ်

le tablier

လက်အိတ်များ

les gants

ကြယ်သီး

le bouton

မျက်မှန်

les lunettes

လက်ကောက်

le bracelet

လည်ဆွဲ

le collier

လက်စွပ်

la bague

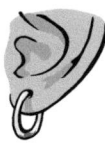

နားကပ်

la boucle d'oreille

ခေါင်းဆောင်း ဦးထုပ်

le bonnet

ကုတ်အက်ိုို ခ်ိတ်

le cintre

ဦးထုပ်

le chapeau

နက်တိုင်

la cravate

ဖစ်

la fermeture éclair

ဟဲလ်မက်ခေါ် ခေါင်းဆောင်း

le casque

သွားထိန်းများ

les bretelles

ကျောင်းဝတ်စုံ

l'uniforme scolaire

ယူနီဖောင်းဝတ်စုံ

l'uniforme

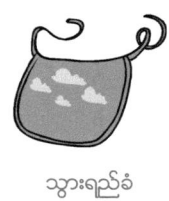

သွားရည်ခံ

le bavoir

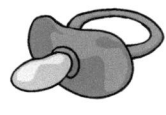

အရုပ်

la sucette

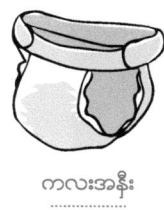

ကလေးအနှီး

la lange

ရုံးခန်း
le bureau

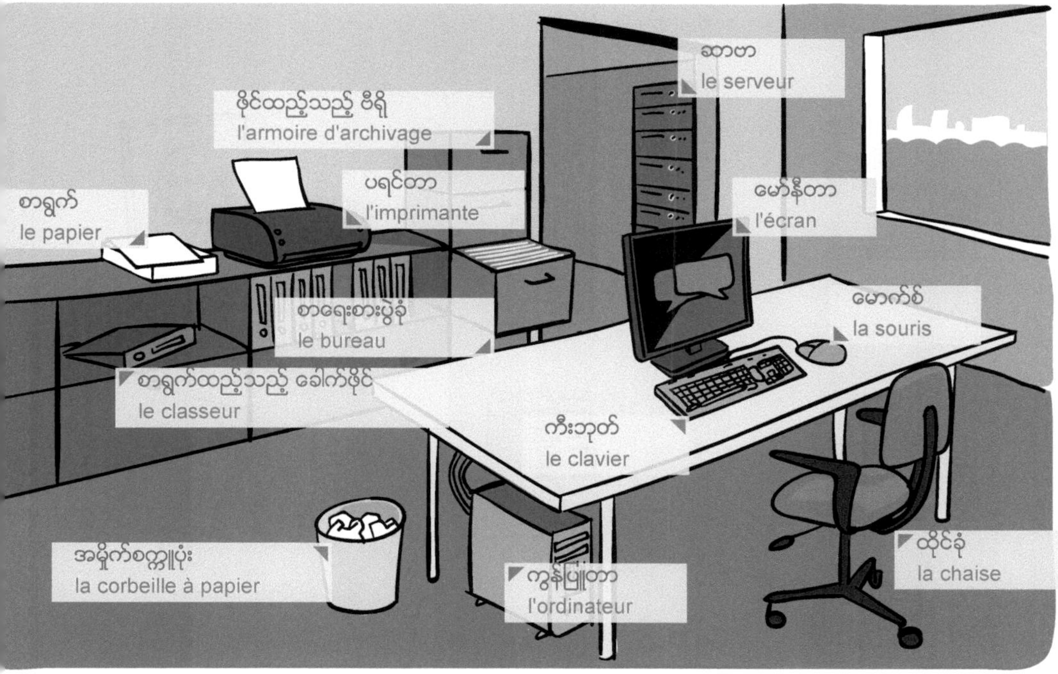
ဆာဗာ
le serveur
ဖိုင်ထည့်သည့် ဗီရို
l'armoire d'archivage
ပရင်တာ
l'imprimante
စာရွက်
le papier
မော်နီတာ
l'écran
မောက်စ်
la souris
စာရေးစားပွဲခုံ
le bureau
စာရွက်ထည့်သည့် ခေါက်ဖိုင်
le classeur
ကီးဘုတ်
le clavier
အမှိုက်စက္ကူပုံး
la corbeille à papier
ကွန်ပြူတာ
l'ordinateur
ထိုင်ခုံ
la chaise

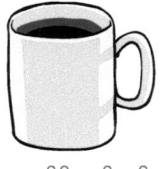

ကော်ဖီ မတ်ခွက်

la tasse de café

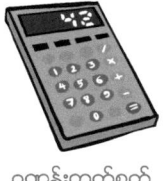

ဂဏန်းတွက်စက်

la calculatrice

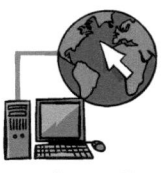

အင်တာနက်

l'internet

ပေါင်ပေါ်တင်ရှိုက်နိုင်သည့်
ကွန်ပြူတာ

l'ordinateur portable

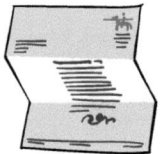

စာ

la lettre

မက်ဆေ့ချ်

le message

မိုဘိုင်းဖုန်း

le portable

ကွန်ရက်

le réseau

မိတ္တူကူးစက်

la photocopieuse

ဆော့ဝဲရဲ

le logiciel

တယ်လီဖုန်း

le téléphone

ပလပ်ပေါက်

la prise

ဖက်စ်ပို့သည့် စက်

le fax

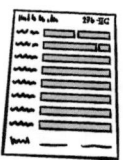

ပုံစံ

le formulaire

စာရွက်စာတမ်း

le document

ဝယ်ယူသည်

acheter

ပေးအပ်သည်

payer

ကုန်သွယ်သည်

faire du commerce

ပိုက်ဆံ

la monnaie

ဒေါ်လာ

le dollar

ယူရိုငွေ

l'euro

ယန်းငွေ

le yen

ရူဘယ်ငွေ

le rouble

ဆွစ်ဇာလန်နိုင်ငံသုံးငွေ

le franc suisse

ရမ်မင်ဘီ ယွမ်

le renminbi yuan

ရူပီး

la roupie

ငွေချေသည့်နေရာ

le distributeur automatique

ငွေလဲဌာန

le bureau de change

ရွှေ

l'or

ငွေ

l'argent

ဆီ

le pétrole

စွမ်းအင်

l'énergie

ဈေးနှုန်း

le prix

စာချုပ်

le contrat

အခွန်

la taxe

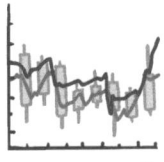

စတော့ဈေးကွက်

l'action

အလုပ်လုပ်သည်

travailler

ဝန်ထမ်း

l'employé

အလုပ်ရှင်

l'employeur

စက်ရုံ

l'usine

ဆိုင်

le magasin

အလုပ်အကိုင်များ
les professions

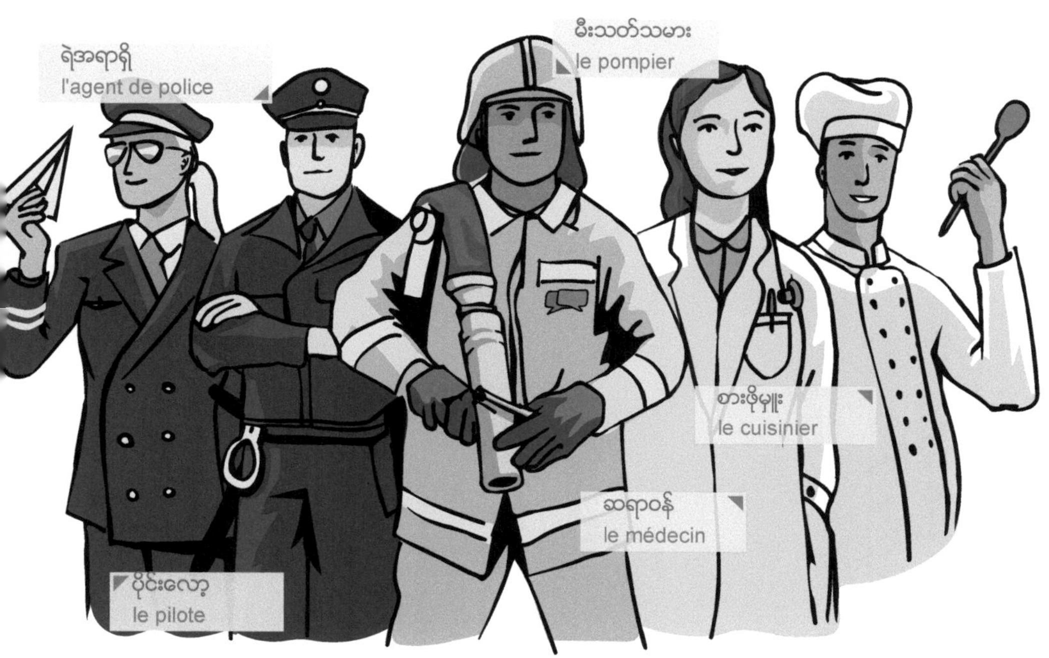
ရဲအရာရှိ
l'agent de police
မီးသတ်သမား
le pompier
စားဖိုမှူး
le cuisinier
ဆရာဝန်
le médecin
ပိုင်းလော့
le pilote

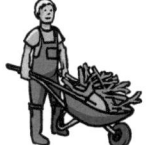

မာလီ
le jardinier

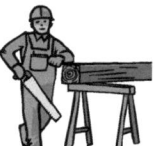

လက်သမား
le menuisier

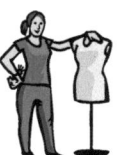

စက်ချုပ်သူ
la couturière

တရားသူကြီး
le juge

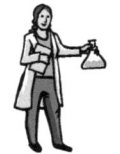

ဓာတုဗေဒပညာရှင်
le chimiste

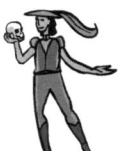

သရုပ်ဆောင်
l'acteur

ဘတ်စ်ကားမောင်းသမား

le conducteur de bus

တက်စီမောင်းသူ

le chauffeur de taxi

ငါးဖမ်းသမား

le pêcheur

သန့်ရှင်းရေး အလုပ်သမ

la femme de ménage

အမိုးပြင်သူ

le couvreur

စားပွဲထိုး

le serveur

အမဲလိုက်မုဆိုး

le chasseur

ဆေးသုတ်သမား သို့ မဟုတ်
ပန်းချီဆရာ

le peintre

မုန့် ဖုတ်သမား

le boulanger

လျှပ်စစ်ပညာရှင်

l'électricien

ဆောက်လုပ်ရေးသမား

l'ouvrier

အင်ဂျင်နီယာ

l'ingénieur

သားသတ်သမား

le boucher

ပိုက်ဆက်ဆရာ

le plombier

စာပို့သမား

le facteur

စစ်သား

le soldat

ဗိသုကာပညာရှင်

l'architecte

ငွေကိုင်

le caissier

ပန်းပညာရှင်

le fleuriste

ဆံပင်အလှပြင်သူ

le coiffeur

လက်မှတ်စစ်

le contrôleur

စက်ပြင်ဆရာ

le mécanicien

ကပ္ပတိန်

le capitaine

သွားဘက်ဆိုင်ရာ ဆရာဝန်

le dentiste

သိပ္ပံပညာရှင်

le scientifique

ရာဘိုင်

le rabbin

မွတ်ဆလင် တရားဟောဆရာ

l'imam

ဘုန်းကြီး

le moine

တရားဟောဆရာ

le prêtre

အလုပ်အကိုင်များ - les professions

ကိရိယာ တန်ဆာပလာများ

les outils

တူ
le marteau
ပလာယာများ
les pinces
ဝက်အူလှည့်
le tournevis
စပန်နာ
la clé
လက်နှိပ်ဓာတ်မီး
la torche

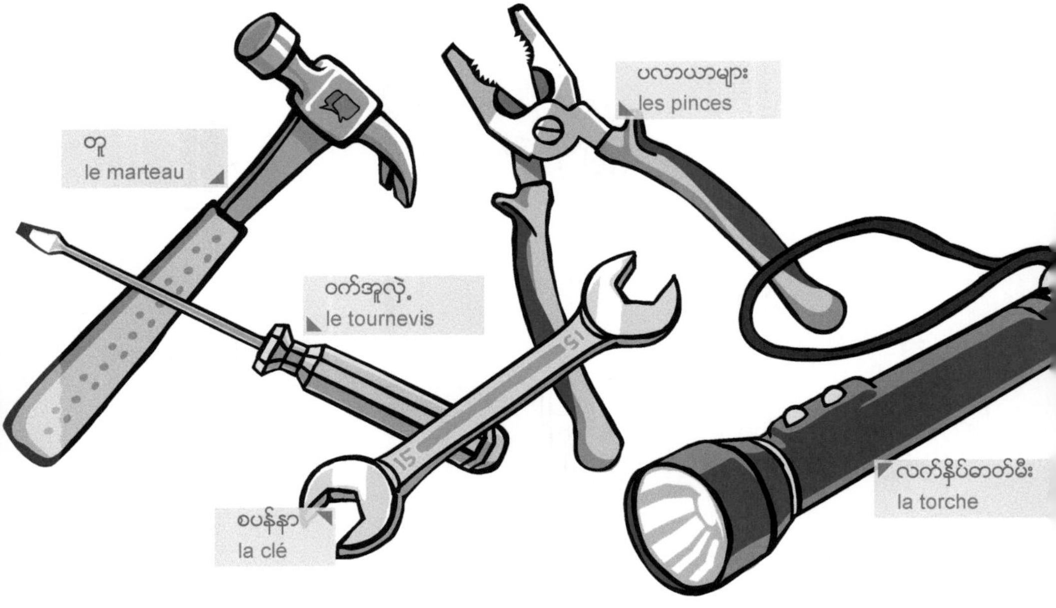

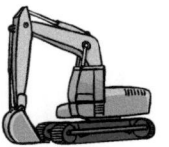

မြေတူးစက်
la pelleteuse

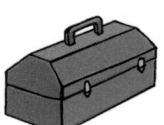

လက်သမားသုံးကိရိယာ သေတ္တာ
la boîte à outils

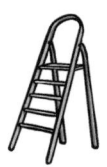

လှေကား
l'échelle

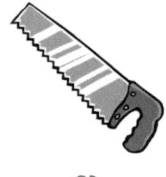

လွ
la scie

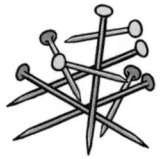

လက်သည်းများ
les clous

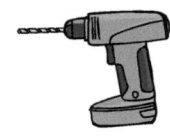

အပေါက်ဖောက်စက်
la perceuse

ပြင်ဆင်သည်

réparer

ဂေါ်ပြား

la pelle

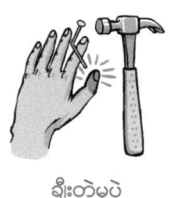

ချိုးတဲ့မှုပဲ

Mince !

ဖုန်ကျုံးသည့် ဂေါ်ပြား

la pelle

ဆေးရောင်အိုး

le pot de peinture

ဝက်အူများ

les vis

ဂီတတူရိယာများ

les instruments de musique

အသံချဲ့စက်
le haut-parleurs

ဒရမ် အစုံ
la batterie

ဂီတာ
la guitare

နှစ်ထပ် ဘော့စ်ဂီတာ
la contrebasse

တံပိုး တူရိယာ
la trompette

စန္ဒယား
....
le piano

တယော
....
le violon

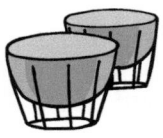

ဗ္ဘ်ုစ်ဂီတာ
....
la basse

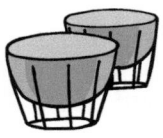

နားစည်အမြေးပါး
....
les timbales

ဒရမ်များ
....
le tambour

ကီးဘုတ် တူရိယာ
....
le piano électrique

ဆက်ဆိုဖုန်း ခေါ်
လေမှုတ်တူရိယာ
le saxophone

ပုလွေ
....
la flûte

စကားပြောစက်
....
le microphone

တိရိစ္ဆာန်ရုံ

le zoo

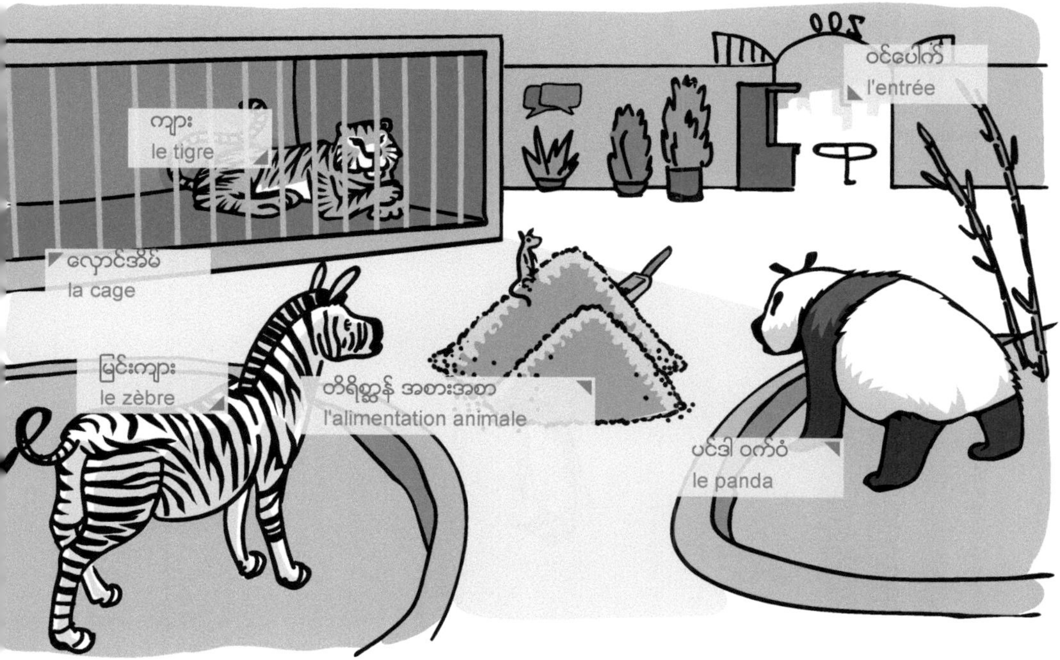

ဝင်ပေါက်
l'entrée
ကျား
le tigre
လှောင်အိမ်
la cage
မြင်းကျား
le zèbre
တိရိစ္ဆာန် အစားအစာ
l'alimentation animale
ပင်ဒါ ဝက်ဝံ
le panda

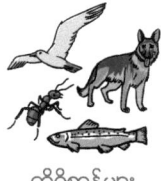

တိရိစ္ဆာန်များ

les animaux

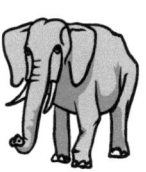

ဆင်

l'éléphant

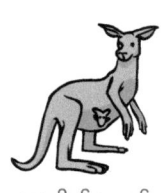

သားပိုက်ကောင်

le kangourou

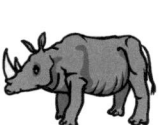

ကြံ့

le rhinocéros

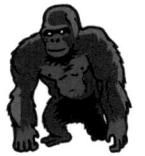

ဂေါ်ရီလာမျောက်

le gorille

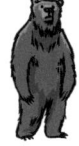

ဝက်ဝံ

l'ours

ကုလားအုတ်

le chameau

ငှက်ကုလားအုတ်

l'autruche

ခြင်္သေ့

le lion

မျောက်

le singe

ဖလန်မင်းဂိုးငှက်

le flamand rose

ကြက်တူရွေး

le perroquet

ပိုလာဝက်ဝံ

l'ours polaire

ပင်ဂွင်းငှက်

le pingouin

ငါးမန်း

le requin

ဥဒေါင်းငှက်

le paon

မြွေ

le serpent

မိကျောင်း

le crocodile

တိရိစ္ဆာန်ရုံ ထိန်းသိမ်းသူ

le gardien de zoo

ဖျံ

le phoque

ကျားသစ်

le jaguar

ပိုနီမြင်း

le poney

ကျားသစ်

le léopard

ရေမြင်း

l'hippopotame

သစ်ကုလားအုတ်

la girafe

သိန်းငှက်

l'aigle

တောဝက်

le sanglier

ငါး

le poisson

လိပ်

la tortue

ပင်လယ်ဖျ့ကြီး

le morse

မြေခွေး

le renard

ဦးချိုပါ သမင်သို့တစ်မျိုး

la gazelle

အားကစားများ

les sports

အမေရိကန် ဖွတ်ဘော
l'american Football

စက်ဘီးစီးခြင်း
le cyclisme

တင်းနစ်ရိုက်ခြင်း
le tennis

ဘတ်စကက်ဘော
le basket-ball

ရေကူးခြင်း
la natation

လက်ဝှေ့
la boxe

ရေခဲပြင် ဟော်ကီ
le hockey sur glace

ဘောလုံးကန်ခြင်း
le football

ကြက်တောင်ရိုက်ခြင်း
le badminton

ကိုယ်လက်လှုပ်ရှား
အားကစားများ
l'athlétisme

ဟန်းဒ်ဘော ခေါ် လက်ပစ်ဘော
le handball

နှင်းလျှောစီးခြင်း
le ski

ပိုလို
le polo

62   အားကစားများ - les sports

လုပ်ရှားမှုများ
les activités

ရယ်မောသည်
rire
ခုန်သည်
sauter
ပွေ့ဖက်သည်
embrasser
လမ်းလျှောက်သည်
marcher
သီချင်းဆိုသည်
chanter
အိပ်မက်သည်
rêver
ဆုတောင်းသည်
prier
နမ်းရှုပ်သည်
faire la bise

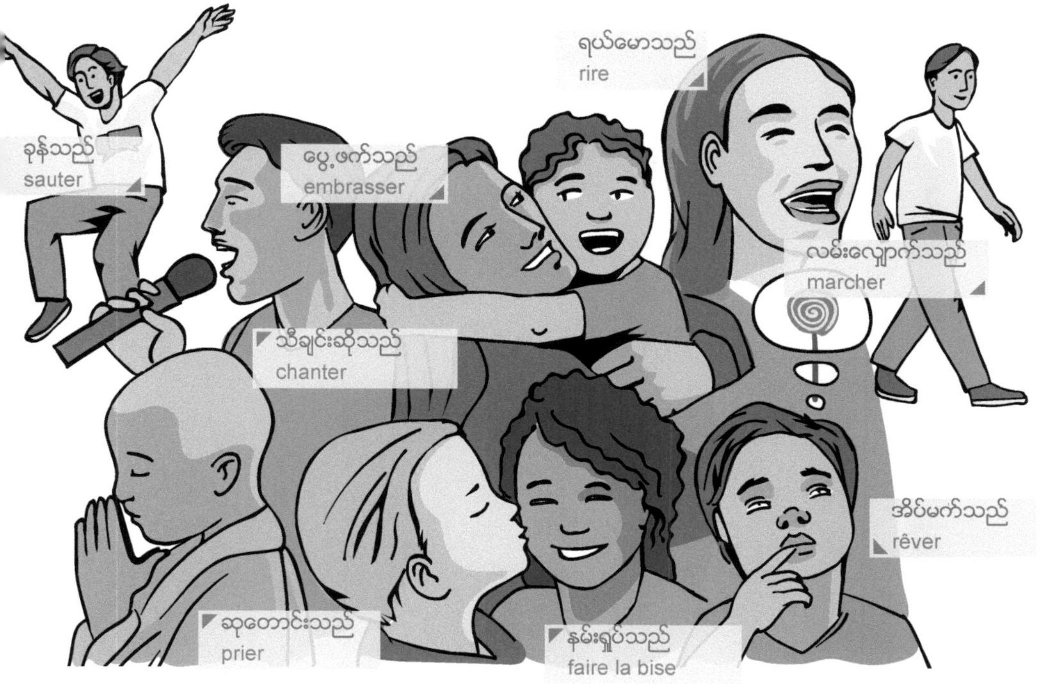

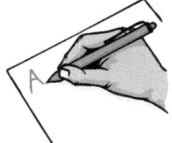

စာရေးသည်

écrire

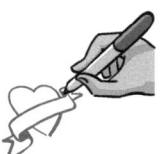

ရေးဆွဲသည်

dessiner

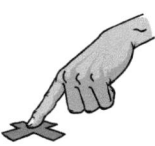

ပြသသည်

montrer

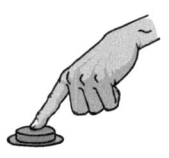

တွန်းသည်

pousser

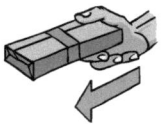

ပေးသည်

donner

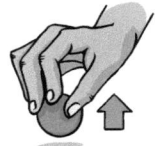

ယူသည်

prendre

ရှိသည်

avoir

ပြုလုပ်သည်

faire

ဖြစ်သည်

être

မတ်တပ်ရပ်သည်

être debout

ပြေးသည်

courir

ဆွဲသည်

trier

ပစ်သည်

jeter

လဲကျသည်

tomber

လိမ်လည်သည်

être couché

စောင့်ဆိုင်းသည်

attendre

သယ်ဆောင်သည်

porter

ထိုင်သည်

être assis

အဝတ်အစားဝတ်သည်

s'habiller

အိပ်သည်

dormir

အိပ်ယာမှ ထသည်

se réveiller

လှုပ်ရှားမှုများ - les activités

တစ်ခုခုကို ကြည့်ရှုသည်

regarder

ငိုသည်

pleurer

ပွတ်သပ်သည်

caresser

ဘီးဖီးသည်

peigner

စကားပြောသည်

parler

နားလည်သည်

comprendre

မေးသည်

demander

နားထောင်သည်

écouter

သောက်သည်

boire

စားသည်

manger

သပ်ရပ်အောင်လုပ်သည်

ranger

ချစ်သည်

aimer

ချက်ပြုတ်သည်

cuire

မောင်းသည်

conduire

ပျံသန်းသည်

voler

ရွက်လွှင့်သည်
faire de la voile

တွက်ပါ
calculer

ဖတ်သည်
lire

သင်ယူသည်
apprendre

အလုပ်လုပ်သည်
travailler

လက်ထပ်သည်
se marier

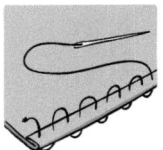

အပ်ချုပ်သည်
coudre

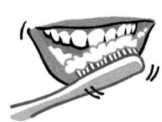

သွားတိုက်သည်
brosser les dents

သတ်သည်
tuer

ဆေးလိပ်သောက်သည်
fumer

ပို့သည်
envoyer

အဖွား
la grand-mère

အဖိုး
le grand-père

ဖခင်
le père

မိခင်
la mère

ကလေး
le bébé

သမီး
la fille

သား
le fils

ည့်သည်

l'hôte

အဒေါ်

la tante

ဦးလေး

l'oncle

အစ်ကို

le frère

အစ်မ

la sœur

ကိုယ်ခန္ဓာ
le corps

နဖူး
le front
မျက်လုံး
l'œil
ပုခုံး
l'épaule
လက်ချောင်း
le doigt
မျက်နှာ
le visage
မေးစေ့
le menton
လက်
la main
ရင်သား
la poitrine
ခြေသလုံး
la jambe
လက်မောင်း
le bras

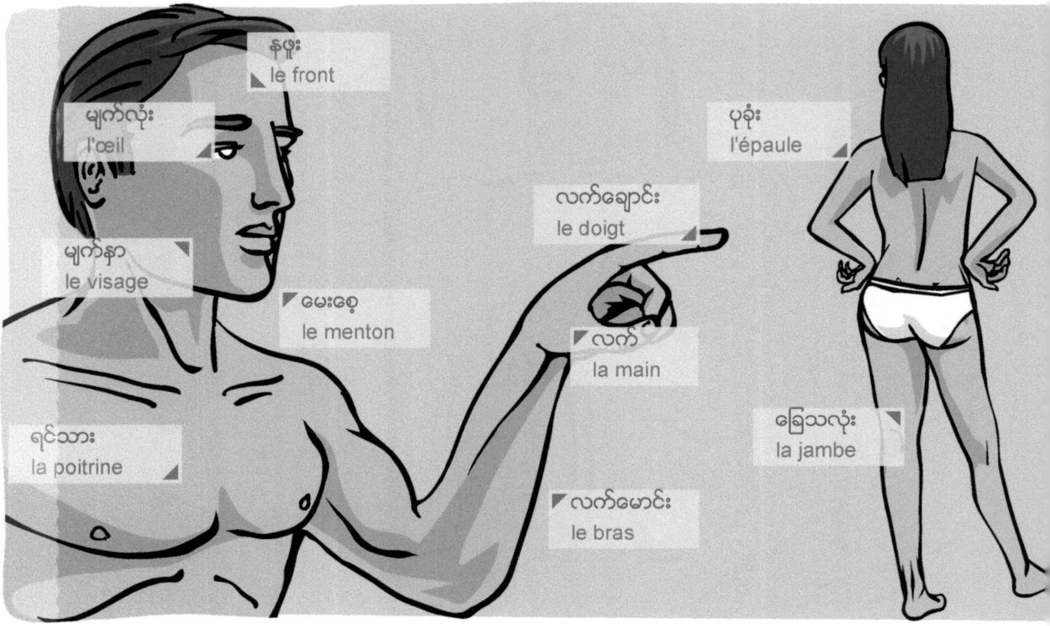

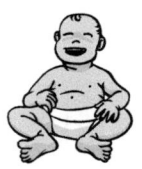

ကလေး

le bébé

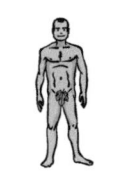

ယောက်ျားကြီး

l'homme

အမျိုးသမီးကြီး

la femme

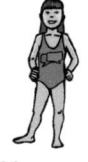

မိန်းကလေး

la fille

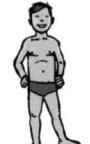

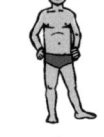

ယောက်ျားလေး

le garçon

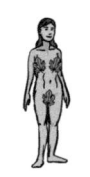

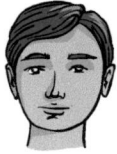

ဦးခေါင်း

la tête

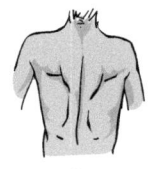

နောက်ကျော

le dos

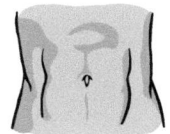

ဗိုက်

le ventre

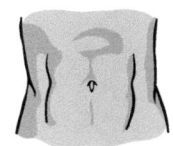

ချက်

le nombril

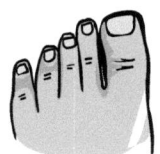

ခြေချောင်း

l'orteil

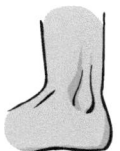

ဖနောင့်

le talon

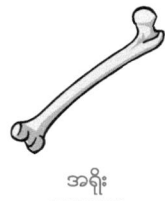

အရိုး

l'os

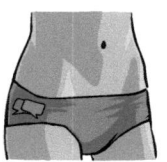

တင်ရိုး

la hanche

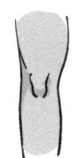

ဒူးခေါင်း

le genou

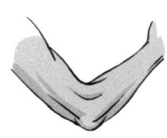

တံတောင်ဆစ်

le coude

နှာခေါင်း

le nez

တင်ပါး

les fesses

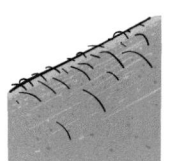

အရေပြား

la peau

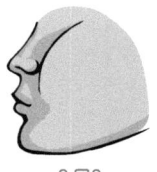

ပါးပြင်

la joue

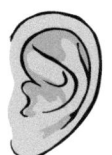

နား

l'oreille

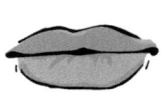

နှုတ်ခမ်း

la lèvre

ကိုယ်ခန္ဓာ - le corps

ပါးစပ်

la bouche

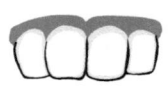

သွား

la dent

လျှာ

la langue

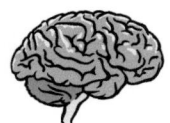

ဦးနှောက်

le cerveau

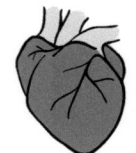

နှလုံး

le cœur

ကြွက်သား

le muscle

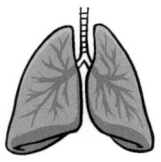

အဆုတ်

les poumons

အသည်း

le foie

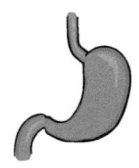

အစာအိမ်

l'estomac

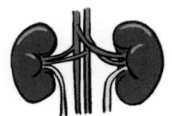

ကျောက်ကပ်များ

les reins

လိင်

le rapport sexuel

ကွန်ဒုံး

le préservatif

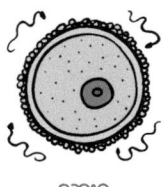

သားဥ

l'ovule

သုတ်ရည်

le sperme

ကိုယ်ဝန်

la grossesse

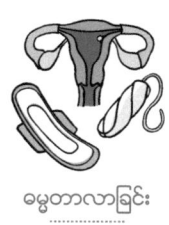

ဓမ္မတာလာခြင်း

la menstruation

မိန်းမကိုယ်

le vagin

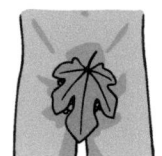

လိင်တံ

le pénis

မျက်ခုံး

le sourcil

ဆံပင်

les cheveux

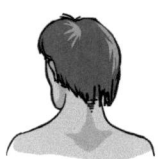

လည်ပင်း

le cou

ကိုယ်ခန္ဓာ - le corps

ဆေးရုံ
l'hôpital

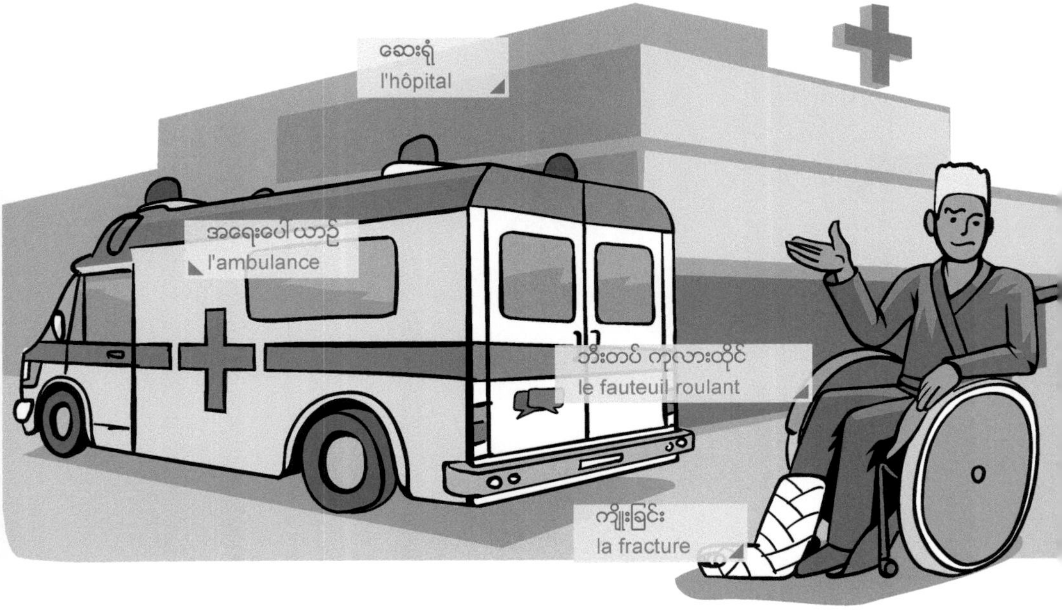

ဆေးရုံ
l'hôpital
အရေးပေါ်ယာဉ်
l'ambulance
ဘီးတပ် ကုလားထိုင်
le fauteuil roulant
ကျိုးခြင်း
la fracture

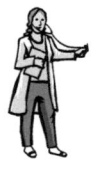

ဆရာဝန်
le médecin

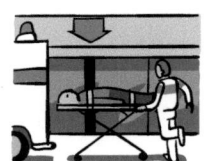

အရေးပေါ် ဆေးကုသခန်း
le service des urgences

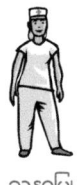

သူနာပြု
l'infirmière

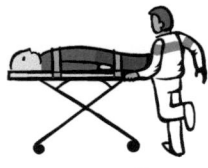

အရေးပေါ်
l'urgence

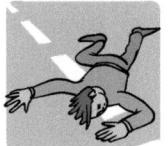

သတိလစ်ခြင်း
inconscient

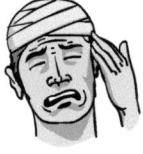

နာခြင်း
la douleur

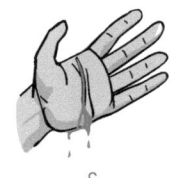

ဒဏ်ရာ

la blessure

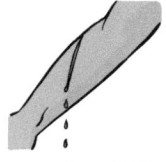

သွေးယိုထွက်ခြင်း

l'hémorragie

နှလုံးရပ်ခြင်း

la crise cardiaque

လေဖြတ်ခြင်း

l'attaque cérébrale

ဓာတ်မတည့်ခြင်း

l'allergie

ချောင်းဆိုးခြင်း

la toux

အဖျား

la fièvre

တုပ်ကွေးရောဂါ

la grippe

ဝမ်းပျက်ဝမ်းလျှောခြင်း

la diarrhée

ခေါင်းကိုက်ခြင်း

le mal de tête

ကင်ဆာရောဂါ

le cancer

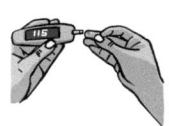

ဆီးချိုရောဂါ

le diabète

ခွဲစိတ်ဆရာဝန်

le chirurgien

ခွဲစိတ်ခန်းသုံးဓါးပါး

le scalpel

ခွဲစိတ်ခြင်း

l'opération

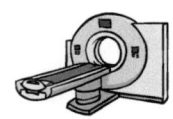

စီတီ

le CT

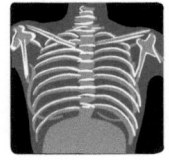

ဓာတ်မှန်

la radiographie

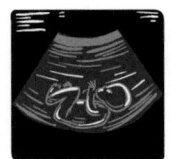

အာထရာဆောင်း

l'échographie

မျက်နှာဖုံး

le masque

ရောဂါ

la maladie

စောင့်ဆိုင်းရန် အခန်း

la salle d'attente

ချိုင်းထောက်

la béquille

ပလာစတာ

le pansement

ပတ်တီး

le pansement

ထိုးဆေး

l'injection

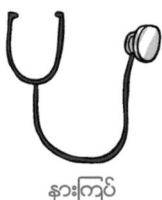

နားကြပ်

le stéthoscope

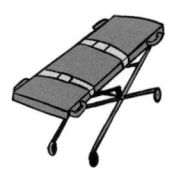

လူနာတင်ထမ်းစင်

le brancard

ကုသရေးပိုင်းသုံး
အပူချိန်တိုင်းသာမိုမီတာ

le thermomètre

မွေးဖွားခြင်း

l'accouchement

အဝလွန်ခြင်း

la surcharge pondérale

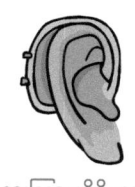

နားကြားကိရိယာ

l'appareil auditif

ပိုးသတ်ဆေး

le désinfectant

ရောဂါကူးစက်ခြင်း

l'infection

ဗိုင်းရပ်စ်ပိုး

le virus

အိတ်ချ်အိုင်ဗွီ /
အေအိုင်ဒီအက်စ်

le VIH / le sida

ဆေးဝါး

le médicament

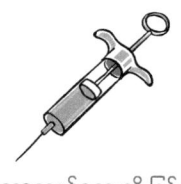

ကာကွယ်ဆေးထိုးခြင်း

la vaccination

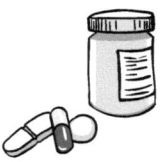

ဆေးလုံးများ

les comprimés

ဆေးလုံး

la pilule

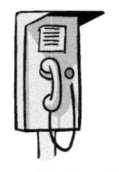

အရေးပေါ် ဖုန်းခေါ်ဆိုမှု

l'appel d'urgence

သွေးဖိအား စောင့်ကြည့်သည့်
ကိရိယာ

le tensiomètre

နာမကျန်းသော / ကျန်းမာသော

malade / sain

ကူညီကြပါ။

Au secours !

အရေးပေါ် ခေါင်းလောင်း

l'alarme

ရိုက်နက်သည်

l'assaut

တိုက်ခိုက်သည်

l'attaque

အန္တရာယ်

le danger

အရေးပေါ် ထွက်ပေါက်

la sortie de secours

မီး။

Au feu!

မီးသတ်ပူး

l'extincteur

မတော်တဆဖြစ်ရပ်

l'accident

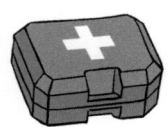

ကြက်ခြေနီ ဆေးပုံး

la trousse de premier
secours

အက်စ်အိုအက်စ်

SOS

ရဲ

la police

ဥရောပတိုက်

l'Europe

မြောက်အမေရိကတိုက်

l'Amérique du Nord

တောင်အမေရိကတိုက်

l'Amérique du Sud

အာဖရိကတိုက်

l'Afrique

အာရှတိုက်

l'Asie

သြစတြေးလျတိုက်

l'Australie

အတ္တလန္တိတ် သမုဒ္ဒရာ

l'Océan atlantique

ပစိဖိတ် သမုဒ္ဒရာ

l'Océan pacifique

အိန္ဒိယ သမုဒ္ဒရာ

l'Océan indien

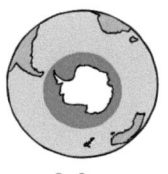

အန္တာတိတ် သမုဒ္ဒရာ

l'Océan antarctique

အာတိတ် သမုဒ္ဒရာ

l'Océan arctique

မြောက်ဝင်ရိုးစွန်း

le Pôle nord

တောင်ဝင်ရိုးစွန်း

le Pôle sud

အန္တာတိကတိုက်

l'Antarctique

ကမ္ဘာမြေကြီး

la terre

ကုန်းမြေ

le pays

ပင်လယ်

la mer

ကျွန်း

l'île

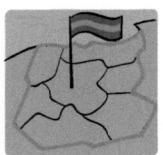

နိုင်ငံကူးလက်မှတ်

la nation

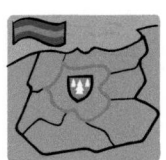

ပြည်နယ်

l'état

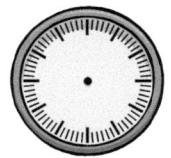

နာရီမျက်နှာပြင်

le cadran

နာရီလက်တံ

l'aiguille des heures

မိနစ်လက်တံ

l'aiguille des minutes

ဒုတိယလက်တံ

l'aiguille des secondes

ဘယ်အချိန်ရှိပြီလဲ။

Quelle heure est-il ?

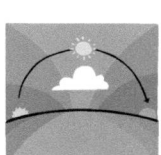

ရက်

le jour

အချိန်

le temps

ယခု

maintenant

ဒစ်ဂျစ်တယ် လက်ပတ်နာရီ

la montre digitale

မိနစ်

la minute

နာရီ

l'heure

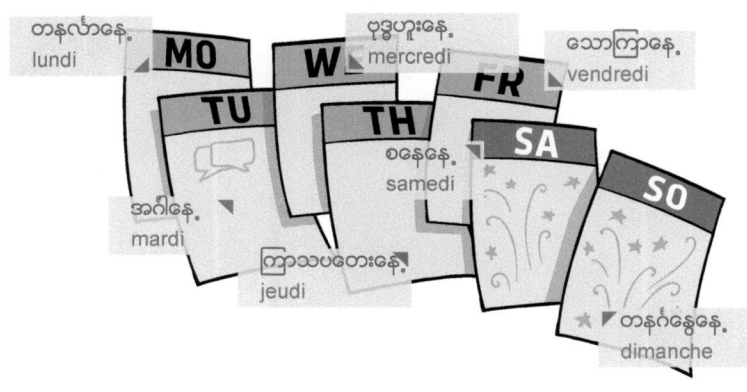

တနင်္လာနေ့
lundi

ဗုဒ္ဓဟူးနေ့
mercredi

သောကြာနေ့
vendredi

အင်္ဂါနေ့
mardi

စနေနေ့
samedi

ကြာသပတေးနေ့
jeudi

တနင်္ဂနွေနေ့
dimanche

မနေ့က

hier

ယနေ့

aujourd'hui

မနက်ဖြန်

demain

မနက်

le matin

နေ့လည်

le midi

ညနေ

le soir

အလုပ်လုပ်ရက်များ

les jours ouvrables

စနေ တနင်္ဂနွေ အားလပ်ရက်

le week-end

နှစ်
l'année

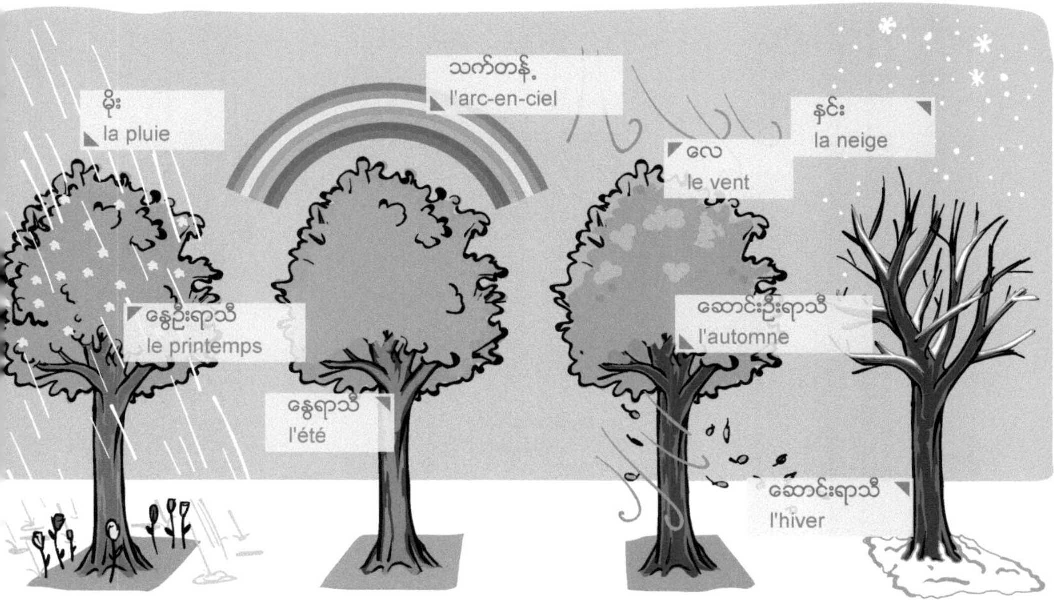

မိုး
la pluie
သက်တန့်
l'arc-en-ciel
လေ
le vent
နှင်း
la neige
နွေဦးရာသီ
le printemps
နွေရာသီ
l'été
ဆောင်းဦးရာသီ
l'automne
ဆောင်းရာသီ
l'hiver

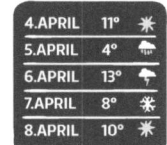

4.APRIL 11°
5.APRIL 4°
6.APRIL 13°
7.APRIL 8°
8.APRIL 10°

းလေဝသ ကြိုတင်ခန့်မှန်းချက်

la météo

F C
120 40
90 30
60 20
30 10
0 0
-30 -10
-20

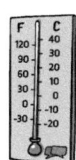

အပူချိန်တိုင်း ကိရိယာ

le thermomètre

နေရောင်ခြည်

la lumière du soleil

တိမ်

le nuage

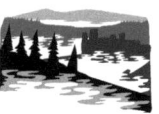

မြူ

le brouillard

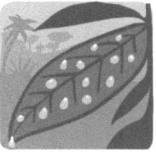

စိုထိုင်းဆ

l'humidité

လျှပ်စီးလက်ခြင်း

la foudre

မိုးကြိုး

la tonnerre

မုန်တိုင်း

la tempête

မိုးသီး

la grêle

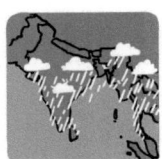

မိုးရာသီ

la mousson

ရေကြီးခြင်း

l'inondation

ရေခဲ

la glace

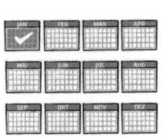

ဇန်နဝါရီလ

janvier

ဖေဖော်ဝါရီလ

février

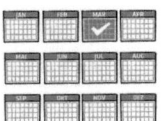

မတ်လ

mars

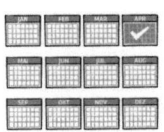

ဧပြီလ

avril

မေလ

mai

ဇွန်လ

juin

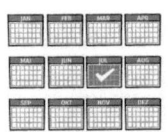

ဇူလိုင်လ

juillet

သြဂုတ်လ

août

နှစ် - l'année

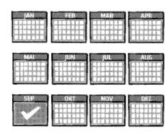

စက်တင်ဘာလ
....
septembre

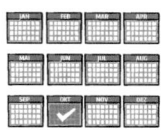

အောက်တိုဘာလ
....
octobre

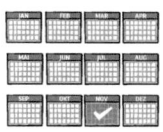

နိုဝင်ဘာလ
....
novembre

ဒီဇင်ဘာလ
....
décembre

ပုံစံများ
les formes

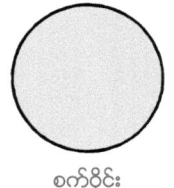

စက်ဝိုင်း
....
le cercle

စတုရန်း
....
le carré

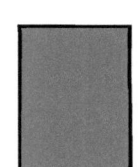

ထောင့်မှန်စတုဂံ
....
le rectangle

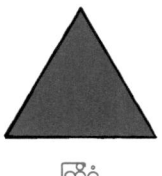

တြိဂံ
....
le triangle

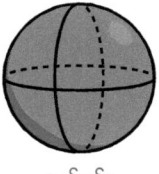

စက်ဝန်း
....
la sphère

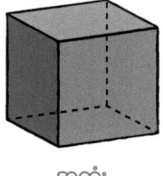

အတုံး
....
le cube

les couleurs

အဖြူရောင်

blanc

အဝါရောင်

jaune

လိမ္မော်ရောင်

orange

ပန်းရောင်

rose

အနီရောင်

rouge

ခရမ်းရောင်

violet

အပြာရောင်

bleu

အစိမ်းရောင်

vert

အညိုရောင်

marron

မီးခိုးရောင်

gris

အနက်ရောင်

noir

အများအပြား / အနည်းငယ်

beaucoup / peu

စိတ်ဆိုးသော /
စိတ်တည်ငြိမ်သော

fâché / calme

လှပသော / ရုပ်ဆိုးသော

joli / laid

အစ / အဆုံး

le début / la fin

အကြီးသော / အငယ်

grand / petit

တောက်ပသော / မှောင်မဲသော

clair / obscure

ညီအစ်ကို / ညီအစ်မ

frère / soeur

သန့်ရှင်းသော / ညစ်ပတ်သော

propre / sale

ပြည့်စုံသော / မပြည့်စုံသော

complet / incomplet

နေ့ / ည

le jour / la nuit

သေသော / ရှင်သော

mort / vivant

ကျယ်သော / ကျဉ်းသော

large / étroit

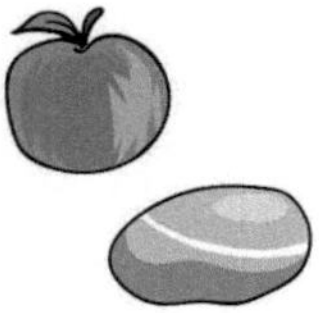

စားသုံးနိုင်သော /
မစားသုံးနိုင်သော

comestible / incomestible

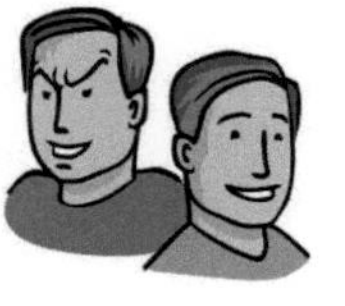

စိတ်ယုတ်သော / ကြင်နာသော

méchant / gentil

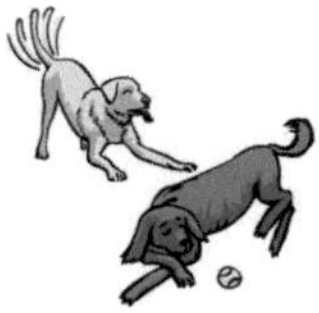

စိတ်လှုပ်ရှားဖွယ် / ပျင်းရိဖွယ်

excité / ennuyé

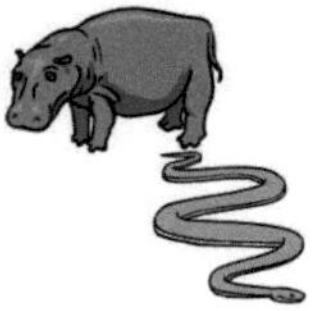

ဝသော / ပိန်သော

gros / mince

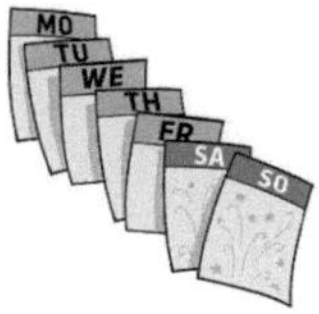

ပထမ / နောက်ဆုံးပိတ်

le premier / le dernier

မိတ်ဆွေ / ရန်သူ

l'ami / l'ennemi

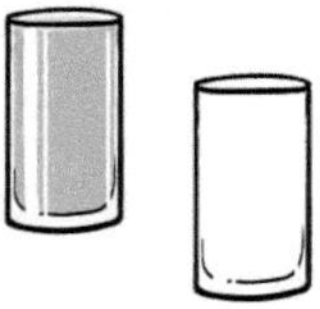

အပြည့် / ဘာမှမရှိ

plein / vide

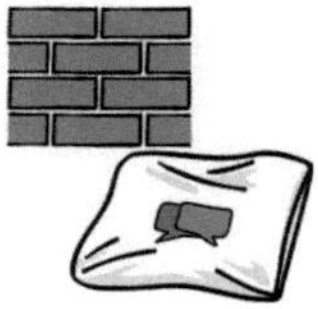

မာသော / ပျော့သော

dur / souple

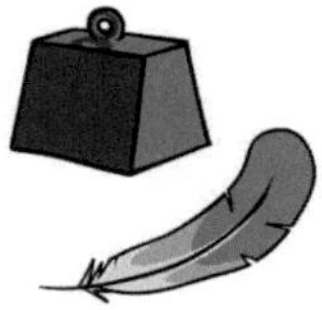

လေးလံသော / ပေါ့ပါးသော

lourd / léger

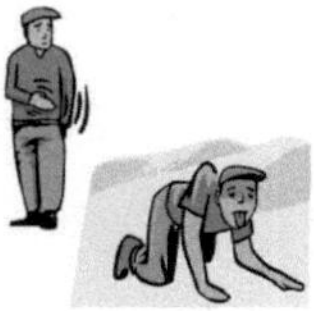

ိုဆာလောင်သော / ရေဆာသော

faim / soif

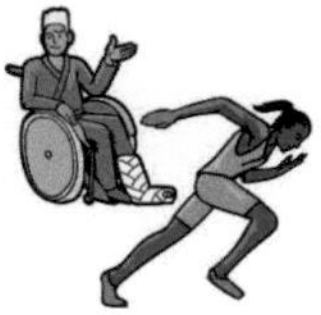

နာမကျန်းသော / ကျန်းမာသော

malade / sain

တရားမဝင်သော /
တရားဝင်သော
illégal / légal

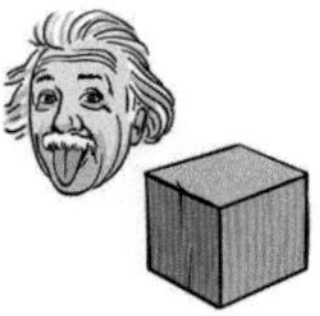

ဉာဏ်ကောင်းသော /
ထိုင်းသော

intelligent / stupide

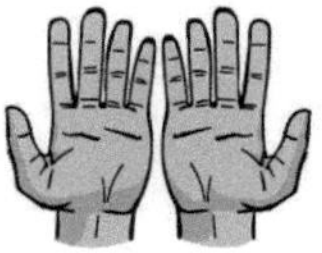

ဘယ် / ညာ

gauche / droite

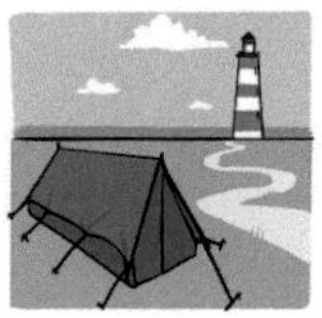

နီးသော / ဝေးသော

proche / loin

အသစ် / အသုံးပြုပြီးသား

nouveau / usé

ဘာမှမရှိ / တစ်ခုခု

rien / quelque chose

အသက်ကြီးသော /
ငယ်ရွယ်သော
vieux / jeune

ဖွင့်သော / ပိတ်သော

marche / arrêt

ဖွင့်သော / ပိတ်သော

ouvert / fermé

တိတ်ဆိတ် / ကျယ်လောင်

faible / fort

ချမ်းသာ / ဆင်းရဲ

riche / pauvre

အမှန် / အမှား

correct / incorrect

ကြမ်းတမ်း / ချောမွေ့

rugueux / lisse

ဝမ်းနည်း / ဝမ်းသာ

triste / heureux

အတို / အရှည်

court / long

အနေး / အမြန်

lent / rapide

စွတ်သော / ခြောက်သွေ့သော

mouillé / sec

နွေးထွေးသော / အေးမြသော

chaud / froid

စစ် / ငြိမ်းချမ်းရေး

la guerre / la paix

les nombres

0

သုည
....
zéro

1

တစ်
....
un / une

2

နှစ်
....
deux

3

သုံး
....
trois

4

လေး
....
quatre

5

ငါး
....
cinq

6

ခြောက်
....
six

7

ခုနစ်
....
sept

8

ရှစ်
....
huit

9

ကိုး
....
neuf

10

တစ်ဆယ်
....
dix

11

ဆယ့်တစ်
....
onze

12

ဆယ့်နှစ်

douze

13

ဆယ့်သုံး

treize

14

ဆယ့်လေး

quatorze

15

ဆယ့်ငါး

quinze

16

ဆယ့်ခြောက်

seize

17

ဆယ့်ခုနစ်

dix-sept

18

ဆယ့်ရှစ်

dix-huit

19

ဆယ့်ကိုး

dix-neuf

20

နှစ်ဆယ်

vingt

100

ရာ

cent

1.000

ထောင်

mille

1.000.000

မီလျံ

le million

အင်္ဂလိပ် ဘာသာစကား
l'anglais

အမေရိကန် အင်္ဂလိပ်
ဘာသာစကား
l'anglais américain

တရုတ် မန်ဒရင်း ဘာသာစကား
le chinois mandarin

ဟိန္ဒူ ဘာသာစကား
le hindi

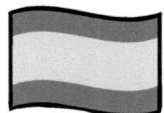

စပိန် ဘာသာစကား
l'espagnol

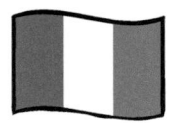

ပြင်သစ် ဘာသာစကား
le français

အာရဗီ ဘာသာစကား
l'arabe

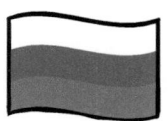

ရုရှ ဘာသာစကား
le russe

ပေါ်တူဂီ ဘာသာစကား
le portugais

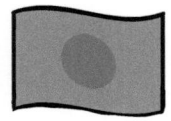

ဘင်္ဂါလီ ဘာသာစကား
le bengali

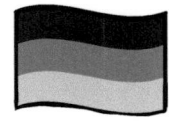

ဂျာမန် ဘာသာစကား
l'allemand

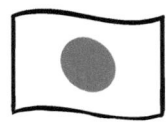

ဂျပန် ဘာသာစကား
le japonais

ကျွန်ုပ်

je

သင်

tu

သူ / သူမ / ၎င်း

il / elle / ce, c', cela

ကျွန်ုပ်တို့

nous

သင်တို့

vous

သူတို့

ils / elles

ဘယ်သူလဲ။

Qui ?

ဘာလဲ။

Quoi ?

ဘယ်လိုလဲ။

Comment ?

ဘယ်နေရာလဲ။

Où ?

ဘယ်အချိန်လဲ။

Quand ?

အမည်

le nom

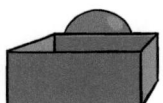

အနောက်ဖက်

derrière

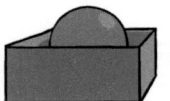

အတွင်း

dans

အရှေ့ဖက်

devant

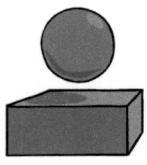

အထက်ဖက်

au-dessus

အပေါ်ဖက်

sur

အောက်ဖက်

en-dessous

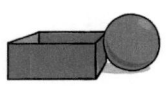

ဘေးဖက်

à côté de

ကြား

entre

နေရာ

le lieu